2014年广西高校党建工作研究课题《志愿服务视角下加强大学生党员党性修养的路径研究》（立项编号：2014ZZZ018）研究成果

2015年广西教改课题《以专业评估为导向的社会工作专业人才培养方案改革与实践》（立项编号：2015JGA262）研究成果

2016年广西高校大学生思想政治教育推进工程项目阶段性成果

2016年柳州市社会组织孵化基地运营服务项目（项目编号：LZC16-005）阶段性成果

水滴的力量

——"河西社工"大学生志愿服务的研究与实践

崔 娟 ◎ 著

中国出版集团公司
世界图书出版公司
广州·上海·西安·北京

图书在版编目（CIP）数据

水滴的力量："河西社工"大学生志愿服务的研究与实践 / 崔娟著. —广州：世界图书出版广东有限公司，2017.4
 ISBN 978-7-5192-2851-4

Ⅰ.①水… Ⅱ.①崔… Ⅲ.①大学生—青年志愿者行动—社会服务—研究—中国 Ⅳ.①D432.6

中国版本图书馆CIP数据核字（2017）第072096号

书　　名	水滴的力量——"河西社工"大学生志愿服务的研究与实践
	SHUIDI DE LILIANG HEXI SHEGONG DAXUESHENG ZHIYUAN FUWU DE YANJIU YU SHIJIAN
著　　者	崔　娟
策划编辑	刘婕妤
责任编辑	宋　焱
装帧设计	黑眼圈工作室
出版发行	世界图书出版广东有限公司
地　　址	广州市新港西路大江冲 25 号
邮　　编	510300
电　　话	020-84460408
网　　址	http://www.gdst.com.cn
邮　　箱	sjxscb@163.com
经　　销	新华书店
印　　刷	北京市金星印务有限公司
开　　本	710mm×1000mm　1/16
印　　张	13
字　　数	217 千
版　　次	2017 年 4 月第 1 版　2017 年 4 月第 1 次印刷
国际书号	ISBN　978-7-5192-2851-4
定　　价	40.00 元

版权所有，翻版必究
（如有印装错误，请与出版社联系）

前　言

一、广西科技大学社会科学学院社会工作专业简介

（一）社会科学学院简介

社会科学学院办有社会工作本科专业1个，专业建设、评估工作和人才培养取得良好成绩。目前已毕业学生900多人、在校生302人。学生班级被评为全国、全区先进班集体，学生党支部被评为全区高校先进基层党组织。学生综合素质和专业能力较强，获全国大学生"挑战杯"科技竞赛一等奖1项及三等奖1项、全国大学生社会实践志愿服务铜奖、柳州市首届慈善最具爱心慈善团体奖及其他奖项多项。毕业生在深圳等地深受欢迎并受到表彰，荣获"全国最美社工"、"深圳市五一劳动模范"、深圳市"十佳"社工等荣誉称号。2016年8月，我院校友顾正品、周燕琼、强强被评为全国首批中级督导。

2010年以来，学院与深圳、广州、东莞等10家社会工作机构签定了"校企实习基地"建设协议，2014年学院与柳州市共青团挂牌成立"广西第一个青少年事务社工人才培养基地"；2015年学院社工教研室老师领办柳州市致用社会工作服务中心，2016年该机构正式承接柳州市社会组织孵化基地运营服务项目。此外，学院每年举办"国际社工日"系列活动，邀请国内外知名专家、优秀校友开展学术讲座和专题沙龙，提升学生专业素养和实务能力。

（二）专业课程及培养目标

社会工作专业开设社会学概论、社会工作导论、社会调查研究方法、社会行政学、

个案社会工作、小组社会工作、家庭社会工作、社区社会工作、社会保障学、社会心理学、社会统计学、社会工作政策与法规、社会工作研究方法等专业课程,以培养具有扎实的社会工作理论、较熟练的社会调查研究、社会问题分析和社会工作能力等为目标,为社会工作机构、社会团体、社会保障与福利机构、企事业单位、党政机关等培育从事职业社会工作、社会行政管理、人事管理、社会服务等工作的专门人才。

二、柳州市柳南区河西街道办简介

柳州市辖六县四城区,总面积1.86万平方千米,总人口374.80万,有汉、壮、侗、苗、瑶、仫佬、回、水、满、土家、毛南等48个民族。柳南区行政区域面积164.19平方千米,辖1个镇、8个街道、55个社区、20个村。河西街道办公地址位于柳南区河西路15—10号,下辖五菱、中山花园、龙福、宏都、和平、金绿洲、柳工、钢联、富丽嘉9个社区。辖区总人口约6.8万,面积约9平方千米。驻辖区大型企业有柳州五菱汽车有限责任公司、上汽通用五菱股份有限公司、广西柳工集团有限公司等。在9个社区都建立了一站式服务平台,实现政务、办证服务大厅、办公网络信息化等硬件设施的领先,实现社区服务信息化管理。

目前街道建立各种社区服务网点50多个,社区老年活动中心(室)7个、卫生服务站4个、社区文化艺术培训中心4个、电子阅览室2个、社区图书室7个、托儿所12所、社区家政服务站3个、劳动保障所(站)10个。经过整合和优化,街道已基本形成以街道服务中心为核心的社区服务网络体系。

三、"河西社工"大学生志愿服务实践活动

(一)"河西社工"项目主题和思路

1. "河西社工"项目主题

"河西社工"大学生社会实践基地项目是广西科技大学社会科学学院的社会工作专业学生深入社区、深入群众,围绕深化中国特色社会主义和中国梦宣传教育,践行以社会主义核心价值观为主题的大学生专业社会实践平台。该项目坚持以立德

树人为基本导向，以服务社区、服务社区群众为基础，致力于培育专业学生的社会责任感、实践能力和创新精神，是为适应新常态我校社会工作专业实践教学和日常思想政治教育工作拓展的大学生社会实践基地项目。

2. "河西社工"项目思路

延伸学校"校市相融、校企合作"的办学特色，结合当地街道或社区服务与大学生专业社会实践培育需求，开展和创新学校"河西社工"大学生社会实践活动。项目将社会工作专业教育与大学生社会实践紧密结合，将专业理念教育与大学生日常思想政治教育紧密结合，培养专业学生的社会责任感和实践能力。依托"河西社工"大学生社会实践基地项目，开展国情民情的社会调查研究，宣传教育中国特色社会主义和中国梦，践行社会主义核心价值观。

（二）实施方法与过程

1. 校政、社区、专业三方链接

为了拓展创新学校大学生志愿服务、实践服务方式和专业实践教学模式，"河西社工"大学生社会实践基地建设项目依托社工等专业优势，由校团委、学院党委与柳州市柳南区河西街道办对接，聘请具有社会工作专业背景的大学生为河西街道办9个社区的主任助理。学院专业教师带领各社区团队进入社区，通过对接社区居委会，促进团队成员对社区形态、社团特色、居民组成等的深入认识，从而激发服务意识和实践创新意识。"河西社工"团队运用专业知识、链接资源，协助社区开展社区弱势群体服务，比如社区青少年、农民工子女及社区老年人等社区居民服务。结合高校大学生志愿者多专业学科背景，引进开展家电维修、意外防护、IT服务等综合社区家政服务。

2. 阶梯式专业化队伍建设

为了推进"河西社工"大学生社会实践基地建设项目工作科学化、专业化开展，项目团队推进了阶梯式专业化团队建设。项目团队配备有社会主义核心价值观的资深老师、专业指导教师、辅导员作为督导，协调小分队与社区的对接工作、链接资源以及理论和专业方面的解答和分析。高年级同学担任各社区小分队高级顾问，推动团队的调研工作，指导、督促、落实各社区小分队工作有效开展。"河西社工"

设有大队长、秘书部、传媒中心、文艺部,各社区下设小分队。团队有队旗、Logo(标识)、衣帽和工作牌。通过学院易班、QQ、微信等各种媒体网络平台宣传,招募河西社工志愿者成员。结合专业各年级的学习课程,组成阶梯式专业化队伍建设。通过"河西夜话"等座谈会讨论方式,探讨研究各社区团队的调研主题和活动的实施方案。

3. 开展社区主题调研和社区特色活动

社区主题调研以社区特色活动为载体有效开展。"河西社工"项目团队结合社区实践,通过运用专业理论知识、专业方法,开展社区主题调研、了解社区、观察社会现象和探知社会问题,根据社区的需求开展社区特色活动。

(1) 2016年"河西社工"项目经过探讨与实践所实现完成的主题调研方向有:《"二胎"现象研究》、《铁路退休工人的生活状况研究》、《社区"老年大学"的运作研究》、《"三无"社区的"抱团养老"研究》、《新形势下城市社区自治研究》、《社会主义核心价值观社区系列内容调查》。

(2) 社区特色活动。根据社区存在的"农民工子女问题"、"青少年问题"、"空巢、随迁老人问题"等社区实际情况,各个社区团队在社区领导与督导老师的指导下,开展了丰富多彩的实践活动。诸如宏都社区——青少年角色体验活动系列,参观禁毒基地、少年法庭、电视台等;柳工社区——暑期青少年团队系列活动,开展团队游戏、团队绘画、参观消防队等;和平社区——青少年才艺比拼系列活动,主要有歌唱比赛、社区巡逻、迷你"奥运会"等活动;五菱社区——关爱老年系列活动,主要有新书发布会、联欢会、书法学习等。"河西社工"项目系列活动获得了社区居民的欢迎,项目服务涉及柳州市社区所有居民,受到了各社区的好评。"河西社工"作为学院专业群体代表,把所学专业知识用于社会实践,服务社会,践行社会主义核心价值观,宣传中国特色社会主义和中国梦,培育学生的社会责任感和社会实践能力,坚定专业服务社会的理想和信念。

图1 2015年"河西社工"团队成员合影　　图2 2016年"河西社工"团队成员合影

四、"河西社工"大学生志愿服务实践活动精彩回顾

(一) 2015 年"河西社工"大学生志愿服务系列活动

1. 宏都社区篇——筑梦想之基,凝社工之义

2015 年 7 月 16 日,"河西社工"和宏都社区在广西科技大学举办科大"寻宝筑梦"活动,让社区小朋友通过解读美丽大学,参观学校史馆,书写自己的梦想。(见图 3)

2. 钢联社区篇——青少年校外学习站

2015 年 7 月 24 日,"河西社工"和钢联社区开展青少年校外学习站,活动开展旨在培养青少年的劳动技能、吃苦耐劳的精神以及团队合作意识,提高钢联社区青少年的动手能力。(见图 4)

图 3　广西科技大学校门口"梦想"合影　　图 4　钢联社区青少年校外学习站

3. 五菱社区篇——忆峥嵘岁月,迎"八一"军辰

2015 年 7 月 27 日上午,"河西社工"和五菱社区开展主题为"忆峥嵘岁月,时间都去哪了"的慰问复员老兵活动,旨在加强对当代学生的爱国主义教育,激发他们的爱国热情,让年轻一代牢记历史,不忘过去,缅怀先烈,尊敬革命先辈,珍惜和平,热爱生活。(见图 5)

4. 和平社区篇——DIY 环保手工制作

2015 年 7 月 28 日,"河西社工"与和平社区结合铁路社区特点,开展以铁路火车为主题、以废旧物品为材料的火车模型 DIY 活动,旨在发挥社区小朋友想象力、动手动脑能力的同时,宣传"我爱我家,环保爱家"的思想。

图 5　慰问复员老兵现场　　　　　图 6　DIY 环保手工制作大合作

（二）2016 年"河西社工"大学生志愿服务实践活动

1. 宏都社区篇——组织青少年参观禁毒教育基地

2016 年 7 月 27 日，"河西社工"与宏都社区组织社区青少年及其家长参观柳州市青少年禁毒教育基地，接受一次生动的毒品警示教育，进一步开展集中警示教育，旨在强化青少年对毒品危害的认识，增强自警自律意识。（见图 7）

2. 钢联社区篇——最美的童声，讲述最美的故事

2016 年 7 月 28 日，"河西社工"与钢联社区在多功能活动室举行以"最美的童声，讲述最美的故事"为主题的儿童讲故事大赛。这次比赛旨在激发小朋友们的读书热情，锻炼小朋友们的心理素质，提高小朋友们的口头表达能力。（见图 8）

3. 五菱社区篇——庆"八一"感恩传承联欢会

2016 年 7 月 28 日上午，"河西社工"与五菱社区组织社区的党员和青少年们，为社区军转干老兵等开展了庆"八一"感恩传承联欢会，旨在弘扬爱国主义的优良传统和传承奋不顾身、敢于吃苦的老兵精神。（见图 9）

4. 和平社区篇——暑期治安巡防及消防安全知识培训暨火灾疏散演练活动

2016 年 7 月 26 日，"河西社工"与和平社区开展暑期治安巡防及消防安全知识培训暨火灾疏散演练活动。活动通过志愿者们自制的卡通版 PPT，图文并茂、简单易懂地讲解消防安全知识，并进行火灾疏散演练，还在"河西社工"的带领下到小区内进行治安巡防，学习排查消防隐患，旨在提高小朋友们的消防安全防范和自救意识。（见图 10）

5. 广西科技大学党委副书记覃萍走访"河西社工"大学生社会实践基地

2016 年 8 月 8 日，学校领导党委副书记覃萍在学院领导与河西街道办主任的陪

同下,走访了河西社工社会实践基地,参观了五菱社区、钢联社区,并与社区的小朋友们一起制作书签。学校领导鼓励"河西社工"志愿者们要战胜困难,充分利用好专业知识与技巧,实现理论与实践的充分结合。(见图11、图12)

6. 2016年"河西社工"大学生社会实践成果汇报会

2016年8月8日,"河西社工"大学生社会实践基地项目于河西街道办事处举行了2016年成果汇报会。活动内容包括观看"河西社工"宣传视频,回顾往年,展现项目成果和颁发聘书等环节,"河西社工"暑期社会实践在热烈的掌声中落下帷幕。(见图13、图14)

图7 参观柳州市青少年禁毒教育基地 　　图8 儿童讲故事大赛颁奖仪式

图9 "河西社工"与社区党员和青少年的合影 　　图10 小朋友在小区内进行治安巡防

图11 学校领导听"河西社工"志愿者讲解活动 　　图12 学校领导与小朋友一起制作书签

图 13 "河西社工"社会实践成果汇报会　　图 14 学校领导和社区为志愿者颁发聘书

五、结　语

2015—2016 年，已有 42 名大学生社会工作专业志愿者被五菱社区、和平社区等九大社区聘为社区书记（主任）助理。项目的服务人群包括社区青少年、农民工子女及社区老年人等相对弱势群体，总体受益人数 10.8 万。项目开展社会实践活动得到社区居民广泛认同，受到了中国文明网、柳州文明网、《广西日报》、《南国今报》、《柳州晚报》、柳州广播电视台、柳州摆古等知名媒体和网站的多次报道和转载，社会反响良好。

"河西社工"大学生社会实践基地项目是广西科技大学 2015 年和 2016 年暑期大学生社会实践重点项目，被评为 2015 年广西高校大学生社会实践活动精品项目、2015 年全国大中专学生志愿者暑期文化科技卫生"三下乡"社会实践活动重点团队，获得第二届中国青年志愿服务项目大赛铜奖。同时作为 2015 年学校大学生党员示范基地的唯一支部和 2016 年教育部"两学一做"先进案例的唯一学生支部上报。多名团队成员分别获得 2015 年和 2016 年校级社会实践"优秀先进个人"的荣誉。多篇社会实践调查报告被评为 2015 年和 2016 年校级"优秀暑期社会实践调查报告"。我们得到的经验启示有：

1. 政府＋学校＋社会三位联动——特色和亮点

本项目是延伸学校"校市相融、校企合作"的鲜明办学特色，结合当地街道或社区服务与大学生专业社会实践培育需求，开展和创新学校"河西社工"大学生社会实践活动。项目旨在政府、学校和社会三方合作搭台，结合地区政策导向，有效整合校内外资源，探索高校大学生志愿服务和社会实践长效服务新模式。

图 15　政府＋学校＋社会三位联动

在政府、学校和社会三位联动中，学校提供专业督导、技术方法、人员和专业的支持；政府结合当地情况，提供资金和政策支持，并对活动进行评估和监督；社会（社区）提供行政督导、场地和组织居民参与。"河西社工"通过自身专业知识和经历，开展社区需求调查、专业服务和志愿服务。

2. 基层组织服务与专业教育相融合

街道、社区作为我国的基层组织，是人们日常的聚集地和生活区，与人们的生活息息相关。社会工作通过社会工作实践帮助人们解决个人、群体和社区的问题，并帮助人们获得满意的人际关系、群体关系和社区关系。"河西社工"团队进入基层组织开展前期需求评估，运用个案服务、小组活动、社区工作等专业理论知识，结合社区实情开展社区特色活动，围绕社区"微家庭微愿望"，强调注重服务弱势群体，帮助社区了解存在的社会问题，并利用资源协助解决问题，使社区的力量得到加强，社区成员的生活更加丰富。

3. 社会角色与社区定位相一致

"河西社工"大学生社会实践团队在社会实践关系体系中，逐渐形成了一套相适应的行为规范，扮演着社会对该团队所期待的行为模式。团队结合所服务社区特点，扮演着不同的社会角色：①服务提供者：团队成员在社区服务中，开展心理辅导、意见咨询和关系支持；②支持者：鼓励有困难的居民自强自立、克服困难，即"助人自助"；③使能者：通过对服务对象内在能力的激发去解决问题，改善其不良境遇；④倡导者：直接向服务对象提倡某种行为，从而有助于其走出困境；⑤研究者：团队根据自己的服务实践进行研究，提高专业服务水准，发展专业知识和理论。

4. 专业服务与志愿服务相结合

柳州是工业重镇和多民族边疆地区，老旧社区、工业社区居多，各民族生活特点存在一定差异。受经济文化发展影响，社会工作专业发展缓慢，群众志愿服务参与度一般。"河西社工"大学生志愿服务活动，依托"政府＋学校＋社会三位联动"，充分发挥老旧社区、工业社区资源和群众力量，开展"关爱老人"系列服务活动。在民族聚居的社区，开展"相亲相爱"系列服务活动等。团队在开展专业服务中坚守专业精神，努力链接各种资源，关心帮助社区困难人群，同时积极倡导志愿精神，扩大群众参与和支持社区活动，活跃社区志愿服务氛围，从而提升社区的凝聚力和向心力，让社区更好地发挥自治功能。

目 录

第一章　老树新芽：老社区居民参与社区建设研究 …………………… 001

第二章　以文养之：从老年大学到文化养老 …………………………… 017

第三章　兼收并蓄：社区居委会行政化与自治功能研究 ……………… 028

第四章　助人自助：在儿童福利院介入专业社会工作的困境研究 …… 043

第五章　化茧成蝶：流动儿童自我效能感提升策略 …………………… 065

第六章　抱团养老：老工业城市养老模式的探索 ……………………… 092

第七章　异乡家乡：流动农民工子女的城市融入研究 ………………… 118

第八章　助苗计划：探索青少年权益保护服务网络研究 ……………… 135

附录一　社区居民参与社区建设的状况调查问卷 ……………………… 160

附录二　关于流动儿童社会支持状况调查问卷 ………………………… 164

附录三　老工业城市养老模式的探索访谈提纲 ………………………… 170

附录四　小学生需求评估问卷 ·············· 173

附录五　青少年权益现状调查问卷 ·············· 183

附录六　一般自我效能感量表（GSES） ·············· 192

后　记 ·············· 193

第一章 老树新芽：老社区居民参与社区建设研究

社区建设是创新社会治理体系的一项重要内容。社区居民是社区建设中的基础力量，调动社区居民的积极性，创新居民参与社区建设的方式意义重大。本章经过深入社区进行实践调研，了解和分析老社区居民参与社区建设的现状，找出居民参与社区建设中存在的实际性问题，从社会资本理论视角分析社区居民参与问题，建立信任、合作、互惠的社区居民参与网络，借助社会工作理念和方法提升居民参与度，同时融入"互联网＋"的创新理念，为老社区居民参与社区建设提供创新性思考，促进社区和谐发展。

第一节 绪 论

一、研究背景

从 2000 年《民政部关于在全国推进城市社区建设的意见》的下发，到党的十八大提出要加强和创新社会管理，加强基层社会管理和服务体系建设，充分发挥群众参与社会管理的基础作用。新时期全面深化改革的总目标是完善和发展中国特色社会主义制度，推进国家治理体系和治理能力现代化，推进社会领域制度创新，推进基本公共服务均等化，加快形成科学有效的社会治理体制，确保社会既充满活力又和谐有序。如今，社区已经成为社会治理的一个重要载体，居民积极参与社区建设的各项内容，发挥自治力量，是提高和创新社会治理水平的基础和关键。目前从我国城市中老社区居民参与社区建设的现状来看，伴随着城市化进程的加快，老社区的发展缓慢，落下了许多诟病，许多实际性的问题需要解决。老社区居民作为社区建设的主体，调动居民参与社区建设的积极性至关重要，创新居民参与社区建设的方式是顺应国家"创新"理念的要求。本章经过实地调查，发现和平社区居民参与社区的现状，运用社区工作理论进行行为分析，旨在探索构建社区信任、合作、互惠的社区居民参与网络，借助社会工作视角和理念提高居民参与度，创新社区居民参与社区建设的方式和路径，将社区资源整合起来，共同解决"三无问题"，促进社区的和谐发展。

二、研究意义

（一）理论意义

随着城市化进程的加快，对于城市社区居民参与的研究也越来越深入。在经济快速发展过程中被忽视的城市老社区的居民参与现状有着其独特的特点。在新时期背景下，老社区居民参与社区建设的主体、内容和方式发生了深刻变化。为探索适合老社区居民参与社区建设的方法，本章基于社会实践的调查，运用社会学的视角和社区工作的方法，探讨老社区居民参与社区建设的现状，从理论上分析了居民参与的特点，并总结出居民参与社区建设存在的问题。从社区的实际出发，借助相关理论视角构建信任、合作、互惠的居民参与网络，培养居民的认同感和归属感，调动居民自治的力量和积极性。社工介入老社区居民参与建设的工作当中，将社工"助人自助"的理念融入其中，也促进了社会工作相关理论的发展。同时借助"互联网＋社区建设"的理念，将社会学、社区工作的相关理论和新型的创新发展理念相结合，促进理论的实用性和创新性，进一步促进社区工作理论的发展。

（二）现实意义

社区和谐是社会和谐的基础，[1] 加强社区建设是加快城市现代化进程的迫切要求。创新居民参与社区建设的方式和路径是改善社会治理的重要举措，可推进国家治理能力现代化。党的十六届六中全会自做出建设宏大社会工作人才队伍的决策部

---

[1] 民政部. 关于进一步推进和谐社区建设工作的意见 [EB/OL].

署以来,尤其是党的十七大之后,我国社会工作专业人才制度建设稳步推进,实践探索不断深入,发展了一支近20万人的社会工作专业人才队伍,努力造就一支高素质的社会工作专业人才队伍,构建社会主义和谐社会。社会工作的理念和实务对社区居民参与建设有重要的帮助,同时也是促进社会工作专业人才队伍发展的途径。本章经过社区工作理论,对老社区居民参与社区建设的状况进行分析,根据存在的实际问题,分析调动居民参与积极性的有效方式,创新居民参与网络。

第二节 相关概念界定

一、居民参与

所谓居民参与,是指居民以个体或群体身份参与社区公共事务决策、管理和监督,这是一个贯彻民主理念的过程,是在基层问题上锻炼居民政治责任感和参与决策的一个过程,是一个群策群力解决民生问题的过程,它使每个居民都有为谋取社区共同利益而施展和贡献自己才能的机会。[1]

二、社区建设

社区建设是一种社区工作,是指在党和政府的领导下,依靠社区力量,利用社区资源,强化社区功能,解决社区问题,促进社区政治、经济、文化、环境协调和健康发展,不断提高社区成员的生活水平和生活质量的过程。社区建设是一项新的工作,大力推进社区建设,是我国城市经济和社会发展到一定阶段的必然要求,是面向新世纪我国城市现代化的重要途径。老社区,尤其是"三无"社区的建设成为城市化进程中的重要难题,一系列建设问题制约着老社区的发展。社区居民作为社区建设的主体,发挥着极为重要的作用,如何调动居民参与社区建设的积极性是一项重要的课题。

---

[1] 杨孝艳,张勇刚. 城市社区管理中的居民参与[J]. 中共山西省委党校学报,2016,33(3).

三、社会行动理论

社会行动理论是社区工作中常见的一种研究理论。社会行动理论注重分析社区的领导层、决策过程、社会参与等问题及其社区变迁的关系。其中心观点是：社区行动具有社会关联性，社区是一个社会互动的复合体，社区中的社会行动与区外的社会行动相关联，区内的各种社会行动也是相关联的。[1] 社区居民参与社区建设是社会参与问题，社区内的居民参与行动不仅仅是居民与居委会之间的互动，还需要社区内居民之间的互动，社区内的建设问题与每个居民的生活相关联。社会工作者、志愿者、社会组织、政府与社区之间建立良性的互动，构建良性的社区建设网络。本章经过分析居民参与建设的行动可以了解它们之间的相关联性，发现参与过程中存在的问题，为改善居民参与社区建设提供帮助，从社区内和外两个方面探究促进居民参与社区建设的有效途径。

四、社会资本

帕特南指出，公民对于公共事务的参与有助于产生自发的社会网络组织及成员间的信任和规范，这是市民社会生存所依赖的社会资本。其他一些学者研究表明，"以社会参与行为和自愿连属组织为代表的社会资本是市民社会的基石，人们不仅可以通过社会参与和自愿组织活动更为积极地参与社会政治生活和公共事务……而且可在自发形成的组织活动中自然体验到民主的程序和实质"。社会资本理论旨在建立信任、互惠、合作的居民参与网络，对社区的建设有着重要的启示作用。

五、互联网＋

在国务院发布的《指导意见》中，将"互联网＋"定义为把互联网的创新成果与经济社会各领域深度融合，推动技术进步、效率提升和组织变革，提升实体经济创新力和生产力，形成广泛的以互联网为基础设施和创新要素的经济社会发展形态。[2] "互联网＋"战略不仅仅适用于经济发展领域，同样适用于社会创新公共服务

---

[1] 黎熙元. 现代社区概论 [M]. 中山大学出版社, 27.
[2] 宋煜, 王正伟. "互联网＋"与基层治理秩序再造 [J]. 社会治理, 2015（3）.

领域。社区建设属于社会治理的一部分，打造"互联网＋社区建设"是国家当前形势下的创新治理方式。老社区借鉴先进创新的建设理念，是提升基层治理的有效途径。

第三节　和平社区的基本概况

经过到社区进行实践调查，向社区主任、工作人员进行访谈，走访了解社区情况，收集到了社区建设的一些相关资料：

和平社区隶属于柳南区河西街道办事处，成立于 2002 年 6 月，属于混合型社区，相当一部分人属于铁路职工，曾经是是柳州铁道部附属的职工生活区，如今是一个老的"三无"社区，即无物业管理、无治安管理、无主管部门。辖区总人口 7 691，其中流动人口 899，共 2 380 多户。辖区内单位有：中铁二十五局柳州公司、柳州铁道职业技术学院、广西中国烟草工业有限责任公司、柳州市第七幼儿园等，包含和平路文化区、金色蓝庭小区、塑料制品厂宿舍等居民小区。社区设有党建、民政、残联、劳动保障、计划生育、综治、司法、城管、卫生等服务窗口为一体的便民服务平台。

社区的基本建设都是由党和政府主导，居委会在其中扮演着极其重要的纽带作用。政府通过购买服务，为社区建设提供必要的资源帮助。网格员分片管理社区事务，社区内有居民自发成立的文艺队，设有和事佬、社区志愿者治安巡逻队、社区民警联系点。社区还设有居家养老服务站、"妇女之家"、青年志愿者服务站、青少年活动中心等居民服务场所。虽然社区的服务平台齐全，但是社区的资源有限，许多设施条件都处于滞后状态，发展缓慢。

第四节　调查方法及调查分析

本次调查研究对和平社区的 60 位居民进行了问卷调查，对其中的部分居民进行了随机访谈。问卷由 16 个问题构成，主要是调查社区居民的个人情况以及他们对社区建设的参与程度和参与社区建设的意愿和想法。调查时间是 2016 年 7 月 18 日—8 月 8 日，本次调查共发放了 60 份问卷，实际回收问卷共 56 份，有效回收率 93.3%，采用 SPSS 软件分析。以下是对调查结果的分析：

一、被调查居民的情况

（1）从问卷调查的结果来看，被调查的居民当中年龄在 18—28 岁的有 2 人，占总数的 3.6%，比例最低；年龄在 40—50 岁的有 25 人，占总数的 44.6%，比例最高。调查的人群年龄多为 29—50 岁的中青年人。有 38 个居民在遇到困难的时候会主动向社区反映问题，其中 29—50 岁年龄段的社区居民共有 8 人认为有困难向社区反映没有用处，有 10 人没有想过这个问题。可见年龄在 29—50 岁的居民对社区的认同感还有待提高。

（2）户籍与住房类型会影响居民参与社区建设的态度。调查样本中属于本地户籍的人有 46 人，占总数的 82.1%，其中 91.3% 的人居住的时长在 5 年以上。属于外地户籍的有 10 人，占总数的 17.9%，其中所有的人居住时间都在 5 年以上。从调查数据中可以看出，92.9% 的人居住在社区的时长为 5 年以上。在户籍属于本地的居民中，有 69.6% 的人认为居民应该参与社区管理，户籍属于外地的居民有 60% 的人认为居民应该参与社区管理，可见户籍会影响居民参与社区建设的态度。就住房的类型而言，属于自有房的居民有 39% 左右对社区管理表示无所谓，超过租房居民的 15%。说明社区有相当一部分的居民对社区的态度有些冷漠，自有房的居民对社区的关注度仍需要提高。

二、居民参与社区建设的情况

从社会行动理论的观点来看，发动居民参与是行动的关键。对此，研究者必须分析有关方面的问题：谁会积极参与？对什么问题感兴趣？参与方式有哪些？程度有何不同？参与程度与决策方式的关系如何？不同参与方式的参与结果如何？另外，还要分析影响社区参与因素，如职业、收入、年龄、性别、婚姻状况、居住时间长短、团体的影响等。[1] 经过对和平社区的问卷调查和个别居民的访谈，笔者将从以下的方面进行分析：

表 1-1 的结果反映出大部分居民认为应该参与社区的管理与建设，只有很少部分的居民认为不应该参与到社区的管理中。也可以看出 67.9% 的社区居民会主动向社

---

[1] 黎熙元. 现代社区概论 [M]. 中山大学出版社，27.

区反映问题，表明居民对社区的建设是有所期望和了解的。

表 1-1 是否应该参加社区管理／是否会主动反映问题的交叉制表

			是否会主动反映问题			合计
			会	不会，反映了也没用	不知道，没想过	
是否应该参加社区管理	是	计数	32	6	0	38
		是否应该参加社区管理中的百分比	84.2%	15.8%	0.0%	100.0%
		是否会主动反映问题中的百分比	84.2%	75.0%	0.0%	67.9%
	否	计数	2	0	0	2
		是否应该参加社区管理中的百分比	100.0%	0.0%	0.0%	100.0%
		是否会主动反映问题中的百分比	5.3%	0.0%	0.0%	3.6%
	无所谓	计数	4	2	10	16
		是否应该参加社区管理中的百分比	25.0%	12.5%	62.5%	100.0%
		是否会主动反映问题中的百分比	10.5%	25.0%	100.0%	28.6%
合计		计数	38	8	10	56
		是否应该参加社区管理中的百分比	67.9%	14.3%	17.9%	100.0%
		是否会主动反映问题中的百分比	100.0%	100.0%	100.0%	100.0%

表 1-2 的结果表明，调查的居民当中有 18 人没有参加过任何活动，14 人参与过社区政治活动，13 人参加过社区文化娱乐活动，10 人参与过社区的邻里之间的活动，而参与社区管理和公益活动的人最少。说明居民的奉献热情不高，主人翁的意识不够强烈。

表 1-2　社区居民参与的社区活动

		人数
有效	社区政治活动，如选举	14
	社区文化娱乐活动	13
	社区管理活动	1
	社区公益活动	2
	社区邻里之间的互动	10
	未参加过任何活动	18

从表 1-3 的结果可以看出，83.3% 的居民支持社区居民自发小组或个人发起社区活动，仅有 21.4% 的居民参加过社区公益活动，67.9% 的居民想做公益活动但是没有时间，较少人对社区的公益活动缺乏兴趣。

表 1-3　居民参与社区公益活动的调查

			是否支持居民自发小组或个人发起社区活动			合计
			支持	不支持	保持中立	
是否愿意参与社区公益活动	做过	计数	10	0	2	12
		是否愿意参与社区公益活动中的 %	83.3%	0.0%	16.7%	100.0%
		是否支持居民自发小组或个人发起社区活动中的 %	22.7%	0.0%	20.0%	21.4%
	想做但是没有时间	计数	32	2	4	38
		是否愿意参与社区公益活动中的 %	84.2%	5.3%	10.5%	100.0%
		是否支持居民自发小组或个人发起社区活动中的 %	72.7%	100.0%	40.0%	67.9%
	缺乏兴趣	计数	2	0	4	6
		是否愿意参与社区公益活动中的 %	33.3%	0.0%	66.7%	100.0%
		是否支持居民自发小组或个人发起社区活动中的 %	4.5%	0.0%	40.0%	10.7%
合计		计数	44	2	10	56
		是否愿意参与社区公益活动中的 %	78.6%	3.6%	17.9%	100.0%
		是否支持居民自发小组或个人发起社区活动中的 %	100.0%	100.0%	100.0%	100.0%

由表 1-4 可以知道，居住时长和居民是否愿意参与社区公益活动的相关系数为 0.052，大于 0.05，所以居住时长和居民是否愿意参与社区公益活动中度相关，且呈正相关关系。说明居民在社区居住的时间越长，参与社区公益活动的意愿就越强烈。

表 1-4 相关性

		居住时长	是否愿意参与社区公益活动
居住时长	Pearson 相关性	1	0.052
	显著性（双侧）		0.702
	N	56	56
是否愿意参与社区公益活动	Pearson 相关性	0.052	1
	显著性（双侧）	0.702	
	N	56	56

从图 1-1 可知社区活动的发起者通常是居委会，很少时候是由社区居民自发发起的。可见社区居民在社区建设中的参与度与积极性需要进一步提高。

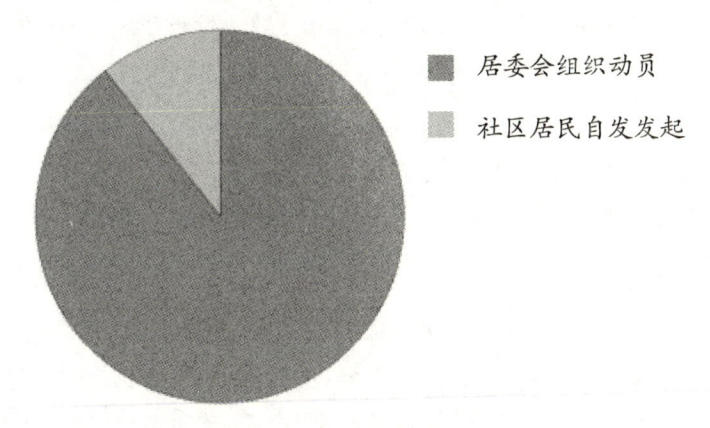

图 1-1 社区活动发起者比例

表 1-5 表明，调查的社区居民当中 28 人认为要提高社区居民的参与度，社区各项服务应充分结合社区居民需要，26 人认为要加强宣传力度，26 人认为居委会等组织应主动与居民联系。这也反映出社区居民对社区有许多的建议与想法，社区的建设仍需改进。

表 1-5　如何提高社区居民参与度

		人数
有效	加强宣传力度	26
	居委会等组织主动与居民联系	26
	社区各项服务应充分结合社区居民需要	28
	政府应减少干涉，让居民充分自治	6
	提高社区各项活动的作用	14
	其他	0

第五节　居民参与社区建设存在的问题及原因

（1）居民多是被动式参与社区建设，缺乏公民意识。

社区工作人员访谈1：

潘主任，女，41岁。在社区工作了十多年，对社区的情况非常了解。当谈及居民参与社区事务的时候，她说：我们社区的居民比较少参与社区的建设工作，年轻人平时都要去上班，没有时间参与到社区的建设中。所有的活动基本都是由居委会这边发起，只有开展少数政治性的活动时才会邀请居民共同参与，比如说市里或区里的人大代表投票活动等。

社区的所有工作与活动基本都是由居委会主导，居民参与社区建设的主动性和积极性欠缺。居民参与社区政治性的活动基本上限于选举权的履行，很少涉及社区其他方面内容。主要原因是社区的居民没有形成一种公民意识，对本社区的建设感到不满意，同时受到社区发展环境的制约，社区难以使更多的居民参与到社区的各方面建设中来。

（2）社区开展的活动较少，同时参与社区公益志愿活动的人较少。

社区工作人员访谈2：

杨姐，女，30岁，在社区工作4年时间。谈及社区平时主要开展的活动内容和活动参与状况时说：我们社区开展的多为青少年活动，其他的活

第一章 老树新芽：老社区居民参与社区建设研究

动相对较少。青少年参与度较高，而开展中老年人的活动难度比较大，而且参与度也不是很高，加上我们社区的条件不足，没有那么大精力去开展一些创新的活动。对于组织一些居民参与志愿活动，也主要是老人和小朋友参加。

居民很少自发举办社区文体活动，而且参与度很低。参与社区活动的主体主要是青少年儿童，有着很明显的倾向性和单一性。社区中青年人由于时间的问题，很少能参与到社区的建设当中，对社区的关注度低。和平社区是一个老社区，社区的许多事务和开展的活动基本都是千篇一律的，缺乏一个公共参与的平台，创新性不足，吸引不到更多的居民参与其中，同时居民自治的能力和意识不高，在社区内没有形成居民相互信任、相互合作，共同为社区服务的氛围。

（3）社区存在各种缺陷。社区的活动场所非常有限，制约着居民平时的娱乐生活。无专门物业负责管理，社区的治安管理问题突出，垃圾堆放时间长，不能及时清理。社区的许多设施更新受到资金制约，发挥的作用很小。

居民访谈1：

问：您觉得社区存在着哪些主要的问题？

答：社区的活动场地非常有限，居民都觉得平时娱乐空间很小。社区的治安问题有待改善吧，经常会有东西被偷，垃圾没有得到及时清理。

问：您觉得需要如何改善这些问题？

答：首先需要政府多投资扩大社区的活动场地，改善基础设施。社区加强治安管理，与相关的单位协商好，及时处理掉生活垃圾。

（4）社区的宣传建设工作效果不佳，宣传方式较为落后，居民对社区宣传的内容了解不多。社区一直沿用传统老套的宣传方式，跟不上社会发展的步伐。

居民访谈2：

问：请问您平时有了解和关注社区的宣传政策和消息吗？

答：这个平时比较少了解，居民平时都比较忙，很少留意宣传栏的内容。

问：您是否觉得社区应该改进宣传方式，让居民更便捷地了解社区的动态？

答：这个还是有必要的，大多数居民还是比较想知道社区有哪些政策

011

宣传，改进宣传方式也可以方便我们知道嘛。

（5）社区居民自发组成的队伍规模小，且多为退休老人，类型较为单一。志愿服务队伍力量薄弱，素质不高。在社区中，老人作为长时间在社区活动的群体偶尔会组织形成一些团体开展活动，但由于自身年龄和文化水平的限制，队伍的能力有限。社区的中青年人群体多数时间在外工作，无法发挥社区主力军的作用。

居民访谈3：

问：请问您的社区居民自发组织过一些活动吗？

答：很少，有开展过，但是次数不多，多也只是那些老人组织的一些活动。

第六节　居民参与社区建设的思考和创新

一、社会资本视角下居民参与社区建设的思考

社区是指由一定数量成员组成的，具有共同需求和利益的，形成频繁社会交往互动关系的，产生自然情感联系和心理认同的，地域性的生活共同体。[1]社区的主体是社区居民，社区居民融入社区的程度就决定了社区建设的成效。根据当前和平社区的现状，作为一个老旧社区、"三无"社区，在社区建设上有很多方面的困难与不足，居民参与的程度不高，但社区存在着发展居民参与社区建设的潜能。调动社区居民的积极性需要构建信任、合作、互惠的社区居民参与网络，根据社区社会资本主体的差异，可以从微观、中观和宏观三个维度来思考。

（1）微观：以家庭为纽带，运用家庭关系网络中的亲情、信任、信仰、参与、互惠等原有的资源，构建社区社会资本的基础。在家庭中人们有着基本共同的既得利益，而且中国家庭是一个长期稳定的单位，血缘可以作为一种社会资本，带动家庭里的各个成员参与到社区的建设当中。家庭成员共同生活在社区，共同参与社区的建设，既是履行社会公民的责任，同时也是作为社区居民参与社区事务的民主体现。根据和平社区的调查资料，社区平时开展的活动多以青少年儿童为主。这时可以将每个家庭里的青少年儿童作为牵动点，构建社区亲子网络，整合家庭力量，提高家

---

[1] 史柏年. 社区治理[M]. 中央广播电视大学出版社，2004（3）.

长们对社区各方面建设的参与度。在和平社区中，青年作为大部分群体，可以成为社区建设的一项重要的资本力量。

（2）中观：构建社区居民之间相互信任、合作、互惠的关系。德国的社会学家滕尼斯在1887年出版的《社区与社会》一书中说：社区是由同质人口组成的关系亲密、守望相助、疾病相抚、富有人情味的社会团体。人们加入这样的团体不是自己有目的的选择结果，而是因为他生于斯、长于斯。[1] 社区作为居民共同生活的地域，建设和谐美好社区是大家共同的需求。由居民自发、自愿参与到社区建设中来是搞好社区建设的基本保障。从调查数据分析可以知道，和平社区的大部分居民都是属于本地户籍，并且居住时间多为五年以上，对社区是存在感情基础的，并且调查结果说明83.3%的居民支持居民自发成立组织参与社区建设。社区中都有一些有威望的人，可以借助这部分人号召社区居民自发成立组织，社区居民可以通过利益协商、邻里关系、兴趣爱好、合作等，形成一个默认的组织群体，在自发形成的活动当中自然体验民主的程序和实质。老旧社区具有时间历史的同时还具有传统感情的特点，信任基于长时间的交往，合作基于共同的需求和兴趣爱好，互惠基于社会网络的规范。调动社区居民，以隐形的契约方式参与社区建设，是社区潜在的重要资本。

（3）宏观：借助社会组织和政府的资本力量，促进社区、社会组织与政府之间的联系。社区居委会作为社区、社会组织与政府的主要连接点，发挥着与居民沟通、帮助居民解决问题、收集反馈居民意见的作用。和平社区是一个老旧、"三无"社区，社区需要治安保障，需要物业管理。社区居民有需求，社会组织可以给社区提供服务，满足社区需求，而政府可以给社区提供资金，购买社会组织的服务。这是一个相互连接的网络关系，构建"社区—社会组织—政府"一体化的网络，可以充分发挥各个主体的作用，充分开发社区可运用的资本，这是通过协议式的方法来带动社区建设。

二、社会工作提高居民参与度的分析

社会工作作为一种强调助人自助、平等、参与，致力于改变人与环境关系，解决社会问题的专业方法、制度和职业，在促进现代社会的和谐稳定发展中扮演着重要的角色，包括有利于社会建设中提升社区的管理和服务水平。[2] 社区工作属于宏观

---

[1] ［德］滕尼斯. 社区与社会工作[M].1887.
[2] 郭荣茂. 论社会工作在社区自组织能力建设中的介入[J]. 华侨大学学报，2013（1）.

社会工作。《中国社会工作百科全书》（1994）认为，社区工作是以一定的社区居民为对象，帮助社区居民认识社区存在的社会问题，动员调配社区资源，解决社区的社会问题，以改善社区成员的生活质量。老社区的居民参与问题是社区里存在的社会问题，通过社会工作助人自助的理念和"人在环境中"的方法提升居民参与度。

（一）社会工作助人自助理念对居民参与的作用

助人自助的理念对于居民参与社区的各项事务和活动具有重要的导向作用。居民实现自我服务、自我教育、自我监督，自觉履行公民的义务。在这种理念的指导下，在一定程度上可以打破传统社会资源分散、各自为战、互不相干的困境。社区居民参与度低主要是因为主动做出贡献的意愿不强，社工理念重在培养居民的互助精神，增强居民的社会责任感，提高居民参与社会生活的意识。

（二）"人在环境中"

在社会工作中，"人在环境中"是描述人类行为与社会环境之间的重要概念。在社区当中，居民的行为与社区的环境有着很大的关系。社会工作者就是要调整居民与社区环境的关系，提高两者的契合度。居民参与社区建设的积极性不高，不仅仅是居民自身存在问题，更大可能是社区环境影响了居民。从社区的实际情况来看，居民对于社区的建设感到不太满意，使得居民参与度不高。反过来，只有提高居民参与的积极性才能更好地促进社区建设和发展，两者之间相互影响、相互促进，为居民参与社区建设提供了导向。

社区工作强调成员的自助参与。社区成员最清楚社区的问题和需要，对社区问题和事务承担责任，自助参与会使他们感到自己的价值和能力。[1] 社会工作其独特的专业技巧对社区提升居民的自我发展和参与意识有着重要的作用。

三、"互联网＋"理念下老旧社区居民参与社区建设的借鉴

笔者认为开发社区社会资本是推动居民参与社区建设的发动机，在社区建设中融入互联网是更好地让居民积极有效参与到社区建设中来的润滑剂。推行传统工作方法与社区微信平台工作方法结合，更好地建设社区。经过对和平社区的实地调研

---

[1] 王思斌. 社会工作导论 [M]. 高等教育出版社，225.

发现，社区依旧使用较为传统落后的工作方法，虽然已经在部分工作上面涉及了互联网产品，但是效果并没有显现出来。社区所做的活动宣传效果不佳，居民身处社区都不知道身边发生的事情。经过在社区的调研，了解到社区党政领导和社区工作者对推进社区建设的积极性很高，而社区居民的参与程度却比较低。提高居民的参与程度，增强他们对社区的归属感、认同感，一方面要从社区建设的方方面面做起，特别是社区服务工作，为广大居民提供实实在在的服务，使他们切身感受到社区在他们生活中的重要地位，用利益把他们同社区紧紧联系在一起；另一方面就是要发展志愿者队伍，逐步建立起浩浩荡荡的社区志愿者大军。

1. 打造社区工作微平台，实现居民民主建设

社区建立一个微信公众号，让社区居民加入其中。社区工作人员借助微信平台，按时推送社区的各项事务内容，实行政务公开，可随时与居民代表讨论社区事务。同时推送办事流程和相关法规政策，减少为居民办事中的麻烦。居民可在线参与社区建设的商讨，更好地实现民主。社区工作人员可以通过微信平台收集居民的意见，缓解社区事事由居委会主导，居民参与度低的情况。

2. 整合社区资源，丰富社区活动

社区建设需要资源。和平社区的治安问题、环境问题需要居民自愿参与其中才能有效地解决。社区成员的参与状况决定着社区建设的效果。[1] 通过社区微信平台，号召社区居民组建志愿者队伍参与治安巡逻、环境保护活动。加强志愿者队伍建设，一是要广泛宣传发动，使社区建设的宗旨、内容家喻户晓，深入人心，引导社区成员树立"我为人人，人人为我"的意识，踊跃参与社区工作；二是要通过骨干示范带动，通过共产党员、青年团员、少先队员和其他先进积极分子的模范作用，带动其他居民群众。争取与高校学生志愿者资源，实现社区与教育阵地相结合，通过网上征集的形式，为社区志愿队伍或活动创新注入新鲜血液。社区可以征集社区居民的想法，共同策划社区活动，使得社区的活动能满足居民的需求。社区开展的活动可以在微信上宣传，方便居民了解和报名参加。活动新闻经过推送，可以让居民熟知社区发生的事。调查数据显示社区的中青年都希望能参与社区的公益活动，融入到社区建设中，但由于时间问题，他们参与社区事务和活动的时间很少。经过微信

---

[1] 王思斌. 体制改革中的城市社区建设的理论分析 [J]. 北京大学学报（哲学社会科学版），2000（5）.

平台，居民可以省时、便捷地了解社区动态，参与社区活动的策划。社区的活动新闻受到的关注度越高，越能体现一个社区建设的成效，这也结合了社区的实际情况。

3. 以社区微信平台为载体，实现保洁、安全动态监管

居民可以将拍摄的照片上传到微信公众号，及时反馈给社区，保障社区卫生环境。随时发现安全隐患，构建平安社区。

4. 创新社区组织，发挥传统力量

社区的文艺队、和事佬治安巡逻队，大多由退休的老人组建。通过社区居民微信平台，可以集思广益，引进宣传先进、新颖的模式，创新社区的组织，自发组织各种各样的社区组织，使得更多的社区居民参与其中，充分调动居民力量，形成各个年龄段的居民参与的模式。社区老人在其中可以发挥长辈的威望，号召居民多参与社区的建设。

第二章 以文养之：从老年大学到文化养老

人口老龄化是一种全球性的不可避免的人口发展趋势，如何实现积极、成功的老龄化，使老年人充分发挥作用，社区老年大学教育起着非常重要的作用。人口老年化的趋势使得社区老年大学在推进中遇到很多的问题，满足老年人的需求变得越来越紧迫。在社区老年大学教育发展的同时，渐渐地形成了一种以老年大学为载体的"文化养老"的模式，实现"积极老龄化"，不仅可促进老年人的身心更健康，而且还可挖掘他们的潜力和智慧，以贡献于社会。

第一节 绪 论

一、老年大学的起源与发展状况

在人口老龄化成为世界趋向的时代背景和终身教育思潮的影响下，老年大学在世界范围内蓬勃发展。早在1975年，美国首创了名为"老年寄宿学习计划"的老年教育计划，号称"老年王国"的瑞典，所有的大学都对老年人开放。

在中国，老年大学于20世纪80年代诞生兴起，推动了我国教育制度的发展完善，为终身教育的实现和学习型社会的构建打下了坚实的基础。

1983年9月，中国第一所老年大学在山东诞生，在政府和群众的热心支持下，各地的老年大学如雨后春笋纷纷成立，1985年12月在"全国老年大学经验交流会"上，中央领导对老年大学的肯定，极大地增强了办学人员对发展老年教育事业的信心。"中国老年大学协会"的成立标志着我国老年大学的发展进入了新的发展阶段。1990年以来，现代教学手段的应用和网络远程教学的兴起，以及法治建设的加强，如《中华人民共和国老年人权益保障法》、《关于做好老年教育工作的通知》中关于老年教育的法律规定和统一规划，极大地推动了老年大学的发展。2005年，西藏老年大学的成立，标志着我国在全国范围内均建立了老年大学。截至2007年，据不完全统计，我国老年大学和老年学校已经发展到32 697所，在校学员多达330余万人。中国老年教育初步形成一个全位、多层次的教育发展模式。

我国老龄化社会快速到来，截至2016年，中国60岁以上老人已有2亿多，已是名副其实的老龄社会，老年人这一白发银族越来越庞大，退休后的老年人如何展开自己的生活，则成为全社会的普遍问题。"发展老年教育"也已写进"十三五"规划，在党和政府的五年规划中阐述和部署了老年教育，足以说明老年教育的必要性和重要性，也足以说明党和政府的高度重视。实际上，老年教育不仅仅是老年人的事，也不仅仅局限于老年事业，而是一个关系人民群众切身利益、关系千家万户、关系社会和谐稳定和全面建成小康社会的一个重大民生问题。

二、文献综述

（一）关于老年大学发展现状及反思研究

在人口老龄化成为世界趋势的时代背景和终身教育思潮的影响下，老年大学在世界范围内蓬勃发展。在中国，老年大学于20世纪80年代诞生兴起，推动了我国教育制度的发展完善，为终身教育的实现和学习型社会的构建打下了坚实的基础。但是，老年大学的发展还不够成熟，正处于缓慢发展阶段，依然存在着许多的问题，对老年大学的发展现状及反思还处于探索阶段。

（二）关于文化养老研究

文化养老是社会保障的重要组成部分，是实现积极老龄化的重要举措。老年大学是推进文化养老工程的重要载体，理应发挥主体作用。但现实中，老年大学在推进文化养老工程中还存在一些不容忽视的问题。

综上所述，从老年大学到文化养老是一个漫长的过程，在发展途径中也会存在着不少亟需解决的问题。

第二节 五菱社区老年大学发展的现状

一、五菱社区老年大学简介

五菱社区位于柳州市河西路18号,占地面积约2平方千米,辖区由柳州五菱汽车有限责任公司、上汽通用五菱汽车股份有限公司、柳州五菱联合发展有限公司、柳州五菱新事业发展有限公司、柳州市二十七中学、柳南区第五建筑工程公司、河西变电站等单位,是典型的企业型社区。五菱社区成立于2001年6月,是全市十个试点社区之一,也是全市居家养老试点社区,辖区居民90%以上是驻区企业的员工和家属,社区目前共有居民住宅楼120多栋,有固定住户4 358多户,常住居民1.1万多人。

五菱社区老年大学成立于1998年,坐落于五菱社区龙屯路一区(一共7个区)内,一共有五层,楼内的设施由五菱集团全力支持提供。一楼设有乒乓球厅、棋牌室、麻将室、媒体室、发泄室,不管是假期还是上课时期,这层楼的热闹度远远高于其他楼层;二楼设有电脑培训室、多功能厅、文化馆办公室、雷锋超市,平时社区活动都会在这里开展,场地、设施相对完善;三楼设有社区读书馆、书法装裱室、书法展览室以及书画培训室,相比其他楼层,这里显得文化底蕴十足,很多老人会选择在这里修身养性,投身于书画之中;四楼设有舞蹈培训室和健身室;五楼设有瑜伽排练室、合唱队排练厅。除了这栋楼之外,室外还建有一个门球场和廉洁公园,为拓展老年人活动提供了场地。然而,对于拥有这么多居民的一个社区,这点资源还是相对不够的。老年大学的开课时间跟大中小学开课时间一致,一年也分两个学期。不同的是他们需要交的只是一点会费,为所在的协会提供活动资金和日常学习用品,而会费是每学期交一次。

五菱社区老年大学注重文化艺术培训中心的建设,以老年大学教学为主体,开设有音乐、诗、书画教学班,并组建有"彩虹"艺术团、腰鼓队、武术队、民乐队、醒狮队等文体组织,社区"彩虹"艺术团长期坚持排练群众喜闻乐见的文艺节目,并经常参加区、市、城区及驻区单位组织的演出比赛、庆典活动。

五菱社区老年大学为老年人提供了"老有所学、老有所为"的理想场所，它不仅寄托了老年人"活到老学到老"的精神，更是文化的载体，让更多老人走出家门，融入社会，健康、充实、幸福地安度晚年。

二、近年五菱社区老年大学的发展和进步

在政府部门的关怀和指导下，在五菱集团公司的全力支持下，五菱老年大学从无到有，越办越好。教学班由原来的一个书法班，拓展到现在的国画班、诗词班、音乐班、舞蹈班、武术班、民乐班等，均聘请柳州市名家授课，学员由原来的十几个人增加到目前的几百人，生源地远远超出管辖范围，市内各城区的退休人员均有慕名前来学习者。

五菱社区老年大学依托驻区企业的大力支持，仅在2009年，五菱社区老年大学"彩虹"艺术团参加市、城区的文艺演出比赛获得十多个奖项，其中获首届中国南方（海口）艺术周合唱比赛金奖、柳州秧歌赛鼓励奖、柳南区庆"三八""巾帼颂歌"文艺汇演三等奖、柳南区企业退休人员文体综合运动会（腰鼓赛）二等奖、驻区企业庆祝建国60周年"祝福祖国"歌咏比赛三等奖等，受到上级文化主管部门和观众的较高评价。

老年大学快速发展的同时带动着社区的整体发展，五菱社区先后获得"全国创建文明社区示范点"、"全国志愿者先进集体"、"全国文化先进社区"、"全国和谐社区建设示范社区"等国家级荣誉，同时也是自治区、柳州市、柳南区"社区建设示范点"，柳州市、柳南区"社区文化艺术培训先进单位"，柳州市、柳南区"十大品牌社区"，柳南区社区党建"十佳模范社区"等。

第三节 依托的平台与资源

一、五菱集团的全力支持

五菱社区老年大学是由五菱集团直接全力支持。五菱集团全称柳州五菱汽车有限责任公司，成立于1996年，是广西区政府授权经营的大型国有独资企业，是中国

汽车工业30强、中国制造业企业500强、全国大型工业企业500强和信息化企业500强之一。企业的大力支持为五菱社区老年大学的建设发展提供了资金保障。

二、社会发展时机

党的十八大特别提出了"积极应对人口老龄化，大力发展老龄服务事业和产业"的要求，这对老龄工作来说更是明确任务，指明方向。我们要适应人口老龄化快速发展带来的日益增长的养老服务需求，必须要加快建立健全以居家为基础、社区为依托、机构为支撑的社会养老服务体系。要全面贯彻落实《社会养老服务体系建设十二五规划》提出的具体目标任务，努力克服养老服务事业发展中存在的"五重五轻"倾向，即重硬件设施建设、轻服务规范管理；重政府直接投资经办、轻调动社会力量参与；重机构养老发展、轻居家养老和社区照顾；重城市养老机构、轻农村养老建设；重建设锦上添花的政绩工程、形象工程，轻建设雪中送炭的基础工程、民心工程，坚决贯彻改革精神，大胆推动改制改革，消除制约养老服务事业快速发展的体制、机制束缚和障碍。当前我们尤其需要集中全力研究制订新的扶持政策，突破制约养老服务事业发展的用地、融资和人才吸纳这"三大瓶颈"，为多种经济成分进入养老服务领域、参与养老服务事业发展开辟通道。

三、自身的先天优势

首先五菱社区位于柳州市河西路18号，占地面积约2平方千米，是典型的企业型社区。其次五菱社区成立于2001年6月，是全市十个试点社区之一，也是全市居家养老试点社区，辖区居民90%以上是驻区企业的员工和家属，社区目前共有居民住宅楼120多栋，有固定住户4 358多户，常住居民1.1万多人。再次五菱社区老年大学成立于1998年，在当地也有一定的名声。

第四节　从老年大学到文化养老

老年大学影响着社会，部分居民对老年大学的了解还是不够的，很多人认为老年大学的老年人只会跳广场舞、打麻将、下棋等，然而这种观念已经落后了。笔者经过多日的走访、调查，发现其实老年人对老年大学越来越认同，老年大学是他们追求高品质文化生活的载体，它能满足老年人精神需求。

1. 影响着居民

2015年7月23日第一次走访老年大学：马大爷今年75岁，退休前在五菱集团的工会工作，他的业余爱好就是写毛笔字。在他刚刚退休时，每天没有事情做，老觉得心里空落落的。在一次散步时，他看到社区廉洁墙上贴满了书法，毅然兴起，加入了老年大学的书画班。现在他是书画班的老师，他的书法刚劲有力，得到了不少赞美，也结识了很多的益友。他非常赞成书法无止境，不仅可以修身养性，更是文化的传承。他也十分感谢这所老年大学给他的晚年带来了不少的乐趣和精神的寄托。

7月28日第二次走访：张大妈今年65岁，退休前也是在五菱集团工会工作。退休之后，一天除了出去买菜晚上散步之外，就没有再多的业余活动。2009年她加入了老年大学的舞蹈队，结果一下迷上了这种健身娱乐方式，每天都会坚持训练，她渐渐地爱上了舞蹈，而舞蹈队成为了她生活中不可少的一部分，在不少的活动比赛中取得了优异的成绩。踏进老年大学的她每天都过得充实、快乐，一天不去都会觉得不自在。

8月1日第三次走访：夫妻搭档廖老师与孟老师在五菱社区老年大学发布了他们多年来的成果——《兰媛心声诗集》，夫妇俩都已80多岁，二老是柳州市罗池诗社的主要成员。他们是退休教师，对中国文学很感兴趣。退休之后他们双双加入老年大学诗社，创作了大量的诗歌。他们很感谢老年大学这个平台，既陶冶了情操也丰富了他们的精神文化生活，也促使了他们现在的成就。

经过多次的走访，笔者了解到在老年大学内的学员，人人都保持着一颗年轻的心，他们在这里可以一边学习一边养老，在自己感兴趣的领域遨游，既满足了自己的爱好，也有助于他们养成健康的生活习惯，及时调适因退休或者家庭意外等因素造成的不适心理，保持精神健康向上。

2. 形成了一种特色的社区文化

自改革开放以来，我国经济快速发展，人民生活水平显著提高，老年人的物质生活得到了保障和极大的改善，广大老年人热切期盼社区加强精神文化建设，提高生活的质量。五菱社区老年大学自1998年成立，一直坚持创造特色文化，为社区老人提供良好的精神文化基地，提高居民生活质量，促进社会和谐发展而奋斗。18年来逐步形成了自己独特的社区文化，在社区格局的不断变化过程中，坚持在开放型文化特色建设中，慢慢形成"文化养老"特色社区文化。生活在五菱社区以及附近其他社区的老年人，受这种文化的熏陶，都融入这种大潮中，对老年大学的认知度不断加深，有较为强烈的认同感和加入欲。五菱社区老年大学为促进自身不断发展，开设了很多具有特色的、适合老年人学习的课程，还与附近的社区老年组织合作，共建新型的大学。这种社区文化特色，以社区、企业为依托，也为社区的建设和发展做出了巨大的贡献。

3. 更是社会的"文化养老"治理模式

随着社会经济的发展，人口预期寿命的提高，计划生育政策的实行，我国快速进入老龄社会。我国老年人口将以800万/年的速度增长，必将会给社会带来极大的压力和问题。老年人群退休回到家庭，进入了以家庭生活为主的模式，他们将会进入相对封闭的生活环境，会变得无聊、寂寞等。五菱社区老年大学的建设发展，不仅给五菱集团退休下岗的员工提供文化修养和心理疏导等多方面的帮助，使他们提高适应社会的能力，再次融入社会群体中，也减轻了社会的老龄压力，更是形成了一种社会的"文化养老"治理模式。

第五节 实现的途径和意义

一、发展之中存在的阻力

在任何新事物的发展和推进过程中都会存在着社会上的各种阻力或问题。随着社会的转型和发展，老年大学的发展一直受阻，存在问题也没有得到很好的解决，致使老年大学在我国社区中的发展相对比较缓慢。

1. 经费支持方的缺陷

首先是国家对社区老年大学教育的投入、政策是不够的，跟不上老年社会的发展。许多发达国家在进入老龄化的时候，人均国内生产总值是一万多美金，而中国是一个人口大国，人均国内生产总值相对不高，应对老龄化的经济实力相对还比较薄弱。

在扶持老年大学发展建设力度上，由于全国的国情决定，使得范围大、需求多，很难施展开，并且最终会受到限制，大大减缓了老年大学发展速度。

其次五菱社区老年大学虽然得到了企业的全力支持，但是并不是每个社区的老年大学都可以得到企业的支持，而且单单依靠企业的支持并不能够更好地发展，更需要得到国家对老年大学的大力支持。

再次就是五菱社区居民的生活水平没有达到一定的程度，退休之后还没真正进入退休模式，没有更多的业余时间，阻碍了社区老年人参加社区老年大学的教育活动。

2. 重视的力度不够

老年大学作为一种非盈利性的福利性老年人教育，决定了它需要社会的高度重视。首先在全国的角度上，我国教育的重点放在基础教育和高等教育，老年教育处在边缘，并没有放在重点地位，这就显得十分被动；其次在五菱社区中，老年大学没有很好地受到社区工作人的重视，并且社区工作人也没有为老年大学做长远发展的规划以及场地上的拓展，更没有促进"文化养老"的观念和想法，以至于老年大学受限；再次，虽然五菱社区老年人很多，但是老年大学的学员总数占本社区老人的总数比例较低，而且其中部分老人是来自其他社区。笔者在访谈中也了解到，人们对老年教育认识还不统一，有的重视，有的不重视。有的人认为老年教育有利于提高老年人心理素质和身心修养，促进创新社会治理。然而有的老年人觉得是瞎折腾，也就很少参与其中。

3. 教育制度的保守

时代在不断地发展和变化，随着信息化技术的发展和推广，现在的老年人也渴望了解和接受新的知识，渴望掌握现代的智能技术。然而在五菱社区老年大学中，他们的教学内容相对保守，还是比较传统的课程，没有更多地去开创新的课程，使得他们学习的内容十分的局限和狭隘，也就很难满足部分人的精神文化需求。另外，缺乏与正规老年大学的交流与考察学习，大学互动活动较少，也缺乏更多的学以致用的平台和环境。

4. 管理制度的陈旧

五菱社区老年大学一路走来已有18载，一直秉持着为居民服务的宗旨，坚持规范活动、规范档案等，但是它的管理制度并没有随着时代的改变而完善，很多管理制度较为保守。教学管理不规范，无学制、无人员编制、无教学大纲，无教材。另外"有班无级",即没有分年级的学制,普遍带有短期培训班性质。

5. 资源整合的缺乏

首先在五菱社区文化规划体系中,有廉洁公园、文化五菱市场等多个文化公共资源,但是并没有让老年大学与之共享;其次在许多的经典活动之后,简单的推送让人了解到的只是五菱社区,并没有通过更多媒体进行进一步的推送,让更多人的去了解老年大学。

二、对策和建议

1. 改善教育经费

老年大学是一项公益性事业,它的发展和建设需要政府的大力支持。首先各级政府要认识到老年大学对老年个体和整个社会有巨大的意义与价值,可以在社区因地制宜成立老年教育管理机构,引进专才,给予社区老年大学经济和人才上的支持。加大财政支持力度,将老年教育经费开支列入财政预算。其次,社区也应加强对老年大学进行科学的管理、规划及经济的支持,在有条件的情况下,实施专门管理,逐步形成与老年大学齐心协力共谋发展的格局。再次,政府也可以号召企业等社会组织给予经济上的支持,多关注老年大学建设,改善其条件,既形成了资助老年大学良好的风尚,也增加了老年大学的资金投入。

2. 加强文化养老思想宣传

首先,加强文化养老思想宣传,加大老年大学机制建设,让社区的居民都知道它是一个什么模式,它的存在对老年人到底有什么作用,这样才能更好地提高老年人对老年大学的认识以及对自己的养老意识。其次,社区应因地制宜,把老年大学作为文化养老阵地,结合社区老年人的特征和需求,坚持文化养老,积极引导社区老年人参加社会活动和公益活动,让老年人在活动中得到自我价值的认同和自我的满足,渐渐地加深老年人对文化养老的重视和认同感。再次,鼓励老年人积极参加老年大学教育,积极融入文化养老,满足老年人的精神文化需求,做到真正意义上的"老有所养、老有所学、老有所为、老有所乐"。

3. 完善教育制度

老年大学是丰富老年群体精神文化生活的平台,也是文化的载体,科学的教育制度与管理制度是满足老年人需求和老年大学建设的至关重要点。在教育制度上，老年大学要秉持与时俱进、不断创新的精神，时刻完善教育缺陷，关注老年群体所需，并且结合他们的需求和特点，引进新的课程、教育内容、教育活动，加强师资储备、连接更多的学以致用平台，从而保证有所需就有所授，也保持了老年大学文化养老的持续性特征。老年人虽然退出了社会的大舞台，但是老年人都有一个活到老学到老的精神寄托，他们仍然有很强烈的求知欲。

4. 创新管理制度

在管理制度上，虽然是老年教育大学，更适合自由性，但是若没有一套科学的管理制度就会使得老年大学的发展滞后、整体混乱，也不利于保证老年人健康、安稳、有效地学习。所以，要在原来的基础上不断地去完善，促使管理上的规范性、有法制、有学制、有编制。

继续加大投入，倾力打造老年大学这一老年教育的主平台。充分发挥好队伍的作用，进而激发老年大学在文化建设中的潜在力量，丰富文化养老的内涵，拓展外延。并在队伍中挖掘优秀人才，用以培养各项骨干人才，发挥他们的带头作用和辐射作用，建立多种兴趣爱好小组，依托老年大学为他们提供展示、交流的平台，丰富文化养老。

5. 整合资源

在推进文化养老中，应先致力于整体规划，挖掘身边的有利资源，充分实现公共文化资源利用的最大化。在柳州市五菱社区文化的规划体系中，有廉洁公园、文化五菱市场等多个文化公共资源，但是并没有结合老年大学与之共享。因此可以利用这些资源，建造更多的老年大学户外学习室，为助推老年大学建设和文化养老提供更加广阔的场地，并在这些场地中充分融入更多的文化养老元素，实现资源利用的最大化。除此之外，也可以发挥各主流媒体的作用，为社区老年大学开播一些专题节目，开设老年大学文化网站等，积极拓展信息传播渠道，吸引更多的老年人，促进文化养老在社会的影响力，从而带动老年大学的建设发展。

三、意　义

从老年大学到文化养老，为老年人提供了"老有所学、老有所为"的理想场所。这不仅形成了一种特殊的文化养老治理模式，也帮助老年人实现了几个目标，表现出了其功能的重要性。

1. 预防功能

协助老年人充分认知老年、接受老年，帮助其增强个人能力，并预防了生理或心理上的迅速退化，促使老年人身心健康。

2. 恢复功能

调适老年人的生活环境，帮助老年人适应不良的社会环境，促使老年人能够有一个正常的社会生活。改善了老年人与其家庭成员之间的人际关系，鼓励老人积极参与社会活动，促使老年人通过与其他人的互动实现精神生活需求，使其晚年生活更充实。

3. 资源提供功能

积极整合相关资源和服务，帮助老年人有效地运用这些服务与资源，发挥其更有效的社会功能，借以维护老年人权益，保障老年人需求。

总之从老年大学到文化养老模式，再到老年社会工作，是帮助、促使老年人以正向积极的态度探求老年人内在价值和意义，通过老年人与社会环境的互动使他们充分认识到自己有继续成长及改变的权利，从而强化老年人解决问题的能力，以达到保障老年人身心健康和促进其生活安定的老年社会福利目标。

参考文献

[1] 于苗，魏玉娟. 转型老年大学建设研究 —— 以辽宁对外经贸学院新型老年大学为例 [J]. 2014（5）.

[2] 韩倩. 英国第三龄大学的办学特色及其对我国老年大学的启示 [J]. 河北大学成人教育学院学报. 2016（3）.

第三章　兼收并蓄：社区居委会行政化与自治功能研究

随着社会主义市场经济体制在中国的逐步确立，城市基层社会管理体制也由"单位制"向"社区居民自治"转变，由此社区居委会所发挥的功能受到了社会的关注。笔者通过对我国广西柳州市的柳工社区进行调查，试图从社区居民和社区居委会的两个角度去了解社区居委会的现状和探讨社区居委会发展的新路子。研究发现，柳工社区居委会的自治性质及自治功能的发挥并未得到真正体现，其行政化特征十分明显，行政功能发挥得比较充分。虽然一些行政性的工作可以给社区居民带来一定程度上的便利，但其弊端也显而易见：社区居委会负担过重、居民对社区的归属感低、基层民主得不到发展等。结合调查中社区居民的诉求和社区居委会的实际情况，我们提出社区居委会既应该在保留一些行政性的工作的同时大力发挥社区的自治功能，即用两点论和重点论统一的观点来定性社区。对次我们提出了在行政化日益突出的情况下，渐渐引导社区居委会自治功能的复位这一观点，并提出以下几点建议：一是社区居委会对行政性工作有所"扬弃"；二是社区居委会部分服务职能转移，大力培育社区社团组织；三是强化社区居民治理参与平台建设，提高社区居民的归属感和使命感。

第一节　绪　　论

一、研究缘起及选题的意义

如今"社区制"在我国的实践已经有十几年的时间，这一改革到底给社区和社区居民带来了什么样的影响以及社区的现状是怎样的，这些都值得我们去了解。于是，笔者在2016年7月，利用在社区开展为期20天的志愿服务的机会，开展了相关的课题调研，我们从社区居委会工作人员和社区居民两个角度开展了关于居委会现状和问题的调研。调研初期，我们不预设提纲，围绕工作内容与工作问题同居委会主任和相关工作人员漫谈，并截取有关访谈内容作为佐证。通过初期的调研，笔者对于居委会工作状况有以下的判断：居委人员的编制、工作内容的数量、管辖对象、服务内容、具体工作等已经难以适应当下时代的发展要求。例如在居委会的日常工作中，真正能服务到的只是辖区的一部分老弱病残与困难群体，在占社区绝大部分的流动人口、常住人口的管理上显得力不从心。

调研中，居委会工作人员对于目前的现状也不是很满意。一方面，对于上级不断布置下来的任务疲于应付，对于上级机关工作人员的"不作为"心怀不满（其实上级行政部门也是有心无力）；另一方面，居委会也被迫减少了自治组织应有的工作，与人民群众渐行渐远。近年来，有许多专家学者呼吁要进行居委会改革，给社区居委会减负，通过对居委会去行政化来促进社区居委会自治功能的发挥，但却都没看到实效，社区居委会的行政特征反而越来越明显了。

调查中，社区居民对于社区居委会的现状也不是很满意。一方面，社区居民表达了参与社区建设的诉求，社区居委会工作人员都主动来和他们交流，重视他们的想法，多做点活动，即发挥社区居委会的自治功能；另一方面，他们又希望社区居委会保留行政功能，方便他们办事。居委会如何能够兼顾两方面，让居民满意呢？这很值得我们去思考。

随着中国经济体制改革的日益推进，中国社会结构急剧变革，单位制解体，老龄化社会到来，城市流动人口的增加，城市人民的生活需求使城市社区建设日益迫切。近年来，我国政府大力推行"小政府，大社会"的理念，不断促进政府职能的转变，大力发展基层民主。特别是党的十八大以来，习近平总书记高度重视社会主义核心价值观的培育，更是从国家层面提出了"富强、民主、文明、和谐"的价值目标。同时根据《中华人民共和国居委会组织法》第二条规定："居民委员会是居民自我管理、自我教育、自我服务的基层群众性自治组织。"因此，在此背景下探讨社区自治功能的复位是有意义、有价值的。但是，当下社区居委会的行政化特征十分明显，行政功能发挥得越来越充分，也是一个事实。长期以来，单位制对社会的影响根深蒂固，社区居民骨子里有一种依赖单位的潜意识，对社区缺乏认同感和责任感，纵然单位制现已没落，但其对社会、对公民造成的影响不是一两天就能改变的。同时，行政化的社区管理方式使居民的政府依赖心理有增无减，自治观念、参与观念淡薄。本章试图探讨如何在行政化特征日益突出的情况下，通过渐渐的改变和引导实现社区功能的复位。

二、研究方法及说明

1. 文献资料法

文献资料法是通过查阅文献资料了解、证明所要研究对象的方法。这是利用各种渠道对文献和资料进行合理的搜集与应用，以获得间接理论知识的一种方法。本章的资料来源包括：国内外相关学术论著、论文，政府法律法规文件及内部公文，居委会内部资料等。

2. 观察法

观察法是指研究者根据一定的研究目的、研究提纲或观察表，用自己的感官和辅助工具去直接观察被研究对象，从而获得资料的一种方法。调查人员按照研究目的的要求，到被观察地点，观察某些现象或主体的行为，通过观察得到一定的观察记录，用观察记录去解释现象或行为出现的原因，这种研究方法属于观察法。本章是在对柳工社区居委会工作人员的工作情况、工作人员与居民及各类组织的联系进行观察，加以记录，而后进行资料分析的基础上形成的。

3. 访谈法

对从事社会工作领域和社区研究方向的老师进行询问，以及深入社区，对社区居委会工作人员和社区居民进行访谈，通过对他们的采访掌握社区居委会的现状和突出的问题，以及了解社区居民对社区居委会的期望。

研究方法是展开研究的具体途径和手段。方法的选取决定研究本身的可操作性及研究价值。任何一种方法在拥有某种优势的同时，又不可避免地存在一定的缺陷。

三、文献综述

社区研究最初源于西欧，在西方发达国家获得发展，并逐渐传播到发展中国家。

中国的社区研究到20世纪30年代才慢慢发展起来。在这期间，关于社区的研究可谓百家争鸣、百花齐放。笔者着重了解了近十年来国内外关于社区的相关研究。

国内近年来关于社区的研究也十分火热，但就笔者从中国知网所了解到的信息来看，有95%以上的社区研究文章都是关于社区自治功能的发挥和如何去行政化的问题，调查大多也只是就居委会的工作进行单方面的调查和论述，少有涉及居民需求的调查。当然，他们在社区自治方面的论述是极其精彩的，值得我们去借鉴和思考。伊海洁认为社区自治要求改变原有的高度行政化的城市基层管理机制，突出社区居民委员会在社区管理中的作用，使其成为能胜任自我管理、自我教育、自我服务、自我监督的社区自治组织。[1] 付兵认为社区居委会成为了政府的附属机构，其行政色彩浓厚而自治性不足，这实质是社区居委会在社区管理中的缺位与错位。[2] 但是，也有文章认为行政化的存在现阶段是合理的。例如，王雪妮认为当前社区居委会并不具备自治的条件，它自始至终是作为政府服务基层的一个工具或桥梁存在的，是一个依赖政府资源的寄生组织，是政府的控制与社会民主自治的博弈。[3] 沈剑霞提出当前的社区居委会工作普遍存在行政化问题，即社区居委会作为群众自治组织，在实际运行中，主要不是从事自治活动，而是从事政府组织指派的行政事务，实际上成为各级政府的延伸组织。在目前这一阶段必然存在，不仅是合理的，而且对促进社区的蓬勃发展具有一定的积极意义。但是，社区自治是社区的最终发展方向，也是社会主义基层民主的根本体现，因此，应积极培育社区自治的共识，完善各项法律法规及制度，切实转变政府职能，构架全新的经费筹措机制，使社区工作逐渐脱离行政化轨道，最终实现社区自治的目标。

国外的研究，首先是从德国社会学家斐迪南·滕尼斯提出"社区"这个概念开始的，他在1887年出版了《社区与社会》一书，最早从社会学理论研究角度使用了"社区"这个概念，也标志着社区理论的产生和社区研究工作的开始。从此以后，"社区"便频繁地被使用和研究。滕尼斯所说的"社区"是一种基于血缘关系或自然情感的社会有机体，社区内的社会关系是紧密的、合作的、富有人情味的，"社区"作为一个与传统道德相关联，以血缘为纽带的概念，与"契约社会"相对立。欧洲

---

[1] 伊海洁，赵丽. 城市社区居委会的功能偏差分析 [J]. 哈尔滨工业大学学报，2006（6）.

[2] 付兵. 增强社区居委会自治性的基本路径 [J]. 四川理工学院学报，2011（6）.

[3] 王雪妮. 社区居委会：行政控制与社会自治——以北京市A社区为例 [J]. 首都经济贸易大学，2012.

古典社会学家迪尔凯姆提出的"机械团结"指的是传统社区,"有机团结"指的是现代城市社区。第二次世界大战之后,欧美国家一边进行城市建设,一边想要快速解决城市发展中遇到的问题,这时出现了以城镇化、郊区化为特征的"新城建设"。随着城市社会生活功能的加强,物质规划已不再是主要内容,欧美国家的社区规划更趋向于对社区的社会规划,如社区的成长与更新,社区感情、社区精神的培育等。社区规划日益偏重社会分析与内在社会机能的构建,公众参与社区建设的程度也逐步加强。城市社区更被理解为一种综合的社会场所,其建设被看作一项社会工程。

四、研究的理论基础

1. 结构功能理论

美国社区理论大师沃伦(Warren, 1978)最早、最系统地运用结构功能理论来定义和分析社区。沃伦认为社区是"发挥具有地方相关性的主要社会功能的社会机构和系统的联合体"。哈里森(Harrison, 1995)也认为结构和功能在一个社会系统里不可或缺地编织在一起。所以社区分析和研究主要就应该是分析社区的结构体系以及它们各自发挥的功能能否满足社区的需要。

2. 社会冲突理论

L•A•科瑟尔在《社会冲突的功能》(1956)中最早使用了"冲突理论"这一术语。他反对帕森斯(Parsons)认为冲突只具有破坏作用的片面观点,力图把结构功能分析方法和社会冲突分析模式结合起来修正和补充帕森斯理论。科瑟尔从齐美尔(George Simmel)"冲突是一种社会结合形式"的命题出发,广泛探讨社会冲突的功能。社区行动模式是基于社会冲突理论的观点,社会行动的基本假设是冲突假设,社会问题的根源是利益冲突,社会变迁是透过利益群体争取权力及资源重新分配的集体行动来实现的。当然,作为社会工作者,我们的价值信念是促进社会公正,而社区内在的群体关系是体现社会公正信念的关键所在,采取适当的社会行动策略促进社区内的群体政治关系的公正是社区工作的基本方向。

3. 矛盾分析法

矛盾分析法是马克思主义社会学的基本方法之一,对研究社会现象具有普遍适用性。它不仅能说明现在,而且能预测未来。尤其对宏观的、复杂的社会现象和社会问题的研究，有它独到的作用。矛盾分析法包括一分为二地看问题，具体问题具体分析，抓住重点和主流，坚持两点论和重点论的统一。在此次社区研究中，我们就坚持以两点论和重点论的统一来研究社区，大力探究如何发展社区民主的主流，也关注社区居民现阶段对于行政化的依赖。

第二节 设定场景：柳州市柳工社区

在我们的团队入驻社区开展服务的同时，团队成员也深入社区，对社区的现状和社区资源展开了调查，在为期20天的社区实地调研中，团队成员在开展调查时通过观察和访谈，对社区的现状和浮现出来的问题有了一个清晰的认识。社区属于柳南区，社区被划归为河西街道管辖。目前社区主要包括生活南区、颐华城等居民住宅小区及其他工商业用地。其中生活南区是典型的改制后的单位大院，而颐华城则是商品房小区。除新建的颐华城，其他住宅小区都有好几年的历史了，由于生活南区的住宅很多都是原来柳工集团的职工家属楼，因此这些老旧小区内道路复杂，社内缺乏相当面积的公共活动场地，能够满足多数社区居民聚集的场地只有社区广场，但这广场也常常成为居民晾晒谷物等东西的场所（社区工作人员表示管不了）。社区内健身活动场所有3个，每个面积大约有30平方米，场地十分有限且紧靠民居楼，容易影响居民正常生活，其中健身场的健身器材大多已经老旧。社区内老旧小区的居民大多为柳工集团职工和退休职工及其家属，生活水平依据公司职位不同而参差不齐，大部分普通职工经济收入一般，受教育程度普遍不高，居民素质有待提高，但是也存在一些高才高知居民。而颐华城小区内居民经济收入比较高，生活水平也较好，居民文化教育水平较高，但是因为是商品房小区，因而居民构成成分复杂。社区居民之间关系比较淡薄，邻里互助意识不强，特别是中青年群体缺乏交流，社区矛盾不明显，居民发生冲突大多是因为生活矛盾。

据社区主任介绍，社区居民有1万多人，其中老年人群的数量和比例相当高，大约占了1/3，而社区居委会的主要服务人群也集中在老年人身上。在对社区事务的处理上，在与社区居民和居委会专职工作人员的接触中发现，居委会与社区居民的关系比较淡，社区内很多矛盾和社区问题居委会无法干预和解决。据居委会主任介绍，因为社区居委会目前的辖区范围扩大了很多，有很多小区以前不属于居委会管辖的范围，因此在短时间内很难让小区居民认同居委会。同时社区中也有一些社区居民自发组织的文娱团队，但是因为缺乏资金支持和人员管理，另外社区居民的纪律性和自觉意识比较缺乏，所以团队的规模不会很大且持续时间都不长。社区内棋牌文化相当深厚，很多社区居民在无事时就前往棋牌室娱乐，但是参与者以中老年人为主，且男女性别分隔明显，我们在那里20多天都没有看到过有男女在一起打牌的，可见人们的观念还不是很开放。尽管人们有许多的空余时间去参加棋牌活动，但是社区居委会组织的活动却几乎无人响应，需要利用物质激励的方式才能引来居民参与。一般情况下，居委会工作人员是很少进行社区走访的（大量的行政性工作使得他们无法抽身），只有遇到居民反映问题和投诉时才会出面解决和处理。对于一些行政事务，居委会是通过宣传栏进行公示，让居民自行前往居委会办理。社区内的一些活动也因为信息沟通渠道的限制而导致通知效果不佳，对很多活动广大社区居民表示并不知情。

第三节　社区居民眼中的社区居委会

在此次调查中，我们团队一共访谈了50位社区居民，在居民样本中，被调查者的最小年龄为8岁，最大年龄为76岁，平均年龄为49岁。男性占60%，女性占40%，男女比例基本持平。从就业情况看，在职人员占25%，退休人员占45%，下岗、失业、无业人员占30%，样本的代表性较高。我们希望通过对社区居民的访谈，更详细地了解居民眼中的居委会功能是什么、这是个什么性质的组织以及他们觉得居委会需要改善的地方是什么。

下面交代我们在此次调查中获取到的信息，以及对这些信息的整理和分析。

一、您认为居委会是干什么的？

1. 盖　章

调查中，当被问及"干什么"时，社区居民回答最多的是"盖章"，而且许多居民的第一反应也是去居委会"盖章"，再延伸一步问"为什么去居委会盖章"时，他们说：

我们学校有规定假期要参加活动，不然不给报名，所以我每个假期都要去社区参加活动和盖章。（社区学生Z同学）

现在都有要求啊，我上次买车用房子抵押贷款，人家就要求去社区盖章开房产证明，有房产证都没用。（社区居民L先生）

在我们调研的过程中，像这样的回答还有很多。我们发现居委会的公章可以说是"万能章"，因为它可以开各种各样让人觉得非常奇葩的证明，以至于让居民觉得居委会的首要工作是给居民开证明和盖章。由此可见，社区居民委员会的公章在使用的过程中，存在功能泛化的问题，户籍、居住、入学、财产、社会关系等证明都需要居委会的公章，其中一大部分是超出居委会职责范围的，但却是可以方便社区居民日常生活的，同时也证明要让居委会在现阶段完全去行政化是不可能的。

2. 发放和办理政府给出的社会福利

调查中，有大约60%的居民回答居委会可以给他们办理各种补贴和发放一些政府的帮助。

我老婆生孩子了，可以去居委会领些小孩用的东西，免费的。（社区居民Q先生）

对我们这样的老人政府是有补贴的，可以去社区办理。（社区居民L爷爷）

由此可见，在居民眼中，居委会的行政角色是主流，居委会处理的事务多是政府下派的工作，居委会扮演的角色像是"政府下面的一条腿"。但这样的角色居民却是接受的，因为去居委会办事要比去街道办方便多了。

3. 调解居民纠纷、收集住户信息和举办社区活动

调查中，居民在自然状态下回答的内容只有10%涉及调节居民纠纷、收集住户信息以及举办社区活动等方面。其实这些工作居委会也是一直在做的，但在他们的回答中却少有涉及。

由此可见，社区居民对于社区自治功能的发挥并没有多少印象，也可以看出社区在做这些工作时对于居民的影响并不大。

二、您认为居委会是个什么性质的组织？

调查中，当我们问到"居委会是个什么样性质的组织"时，竟然有高达60%的居民回答"居委会属于政府的机构"。再延伸一步问"为什么说居委会是政府的机构"时，居民的回答大多是"工作人员领政府的工资"或者"他们的日常工作都是政府才能做的"。

当笔者向他们解释："居委会是个居民自治的组织，居委会现在许多的工作都是街道办等政府机构下派给居委会的，居委会自身并没有权力去办理。如果让街道办等政府机构把像计生、养老补贴等的一些工作从居委会撤离，让居委会多做些像组织居民的活动之类的工作，你们会愿意吗？"关于这个问题更是高达98%的居民回答"不愿意"。在延伸一步问"为什么不愿意"时，回答大多是"街道办太远，在居委会办更方便"或者"活动可以多举办，但是那些工作居委会还要继续做"。

由此可见，有许多社区的居民对于居委会的性质认识不清。但是，也有40%的居民知道居委会属于居民自治的组织，不过他们大多数人对于居委会扮演政府"腿"的角色是接受的。

三、您觉得居委会工作需要改善的地方是什么？

我觉得居委会和居民之间应该建立更方便快捷的沟通渠道，居委会可以创立自己的微信公众号、微博、QQ群之类的东西。（社区居民W先生）

我觉得居委会可以组织一些我们老年人的团体，像我们旁边社区的老年大学一样，不然太无聊了。（社区居民L奶奶）

我希望社区多举办些活动，我想多认识点社区的人。（社区居民G同学）

调查中，我们问居民居委会需要改善的地方时，大多数居民都是从社区居委会的自治功能如何更好发挥的方面来回答的。所以关于如何更好地实现居民的自我管理、自我教育、自我服务，这是我们应该思考的。

四、小　结

我们团队尝试着从居民的角度去了解居委会，通过对社区居民的抽样访谈调查，我们可以得出的结论是：居民对于居委会替政府分担一些方便居民的行政性的工作是认可的，同时也表现出了对社区居委会自治功能复位的诉求。

第四节　柳工社区居委会的现状及问题

社区居委会的职责、作用和地位说明了居委会在社区建设与管理中发挥着重要作用，是社区建设与管理的主体。但是，在调查中我们发现柳工社区居委会目前存在的一些问题，使其不能很好地适应社区建设与管理的客观要求。

1. 社区居委会行政事务过重，自治功能难发挥

在社区居委会我们看到了挂牌的 6 个窗口分别是：民政、残联、计划生育、党建、司法、劳动保障。社区工作人员说，"这 6 项是比较大的工作，平时还有许多工作，像统战、证明盖章、职介等小项工作你们没看到"，这些工作，涉及党委、政府以及各种群团组织。社区居委会副主任说，"平常干的工作肯定要比这多，其中绝大部分是上头派下的行政性事务，每天都在忙"。在承担如此多的行政事务的同时，几乎每个工作人员还要担任一个网格的网格长，对网格内的居民的信息进行收集和录入电脑。这些零散但必须要做的工作，占用了工作人员大量的时间，使得他们根本没有时间下社区和举办社区活动，社区居委会的自治功能难以发挥。

2. 社区居委会威信不够，社区居民参与自治的意识淡薄

在访谈中，笔者了解到有一部分居民竟然不知道居委会主任是谁。当问到"为什么不去关注居委会"时，居民基本上是说"我们就是来这住的，又不需要居委会帮什么，了解它干嘛"，说明许多居民对于社区的归属感是极低的。我们团队在调研过程中也协助社区举办了 3 次社区活动，但是参与的人数不及社区总人口的千分之一。虽然因为活动质量不错，社区居民之间的反应很好，后面参与的人数有所增长，但是，社区活动的参与主体还是呈现这样特点：大多数家庭的顶梁柱参与率较

低，而社区中退休人员、青少年、下岗失业人员、老弱病残等弱势群体的参与率较高，以至于后面社区开展活动都有意识地向这方面人群倾斜，而具有高学历、有活力、有号召力的中青年对社区活动参与率明显偏低。而且活动中，往往需要居委会提供一定的奖品才能让参与活动的人员满意而归，否则下次活动就少有人问津了。这样的现象是不利于社区居委会自治功能的发挥的。

大量的行政性工作，使得居委会工作人员主动接触居民的时间较少，不能很好地代表社区居民的利益，社区居民对其认同度就会很低，社区居委会在居民间的威信大大下降，这就会导致社区居民参与度低。但是，社区居民的有效参与是社区建设的动力，也是发展社区民主的基础和前提。

3. 社区居委会不能很好地发挥政府与社区居民的桥梁作用

社区居委会与居民的接触沟通方式主要有两种：一种是被动的沟通，这个方式主要是社区居民在发生问题后，自己无法解决才请求居委会出面调解、解决；另一种是主动的沟通，这个方式是居委会工作人员主动下社区收集社情民意，防患于未然。但是，就笔者在居委会的观察和从工作人员给予的信息来看，居委会的主动沟通是做得不够的。笔者曾经多次看到有居民下雨就抱怨"为什么我们社区这么大却连个避雨的地方都没有"。从这些点点滴滴的小事可以看出沟通是不足的。

居委会工作人员也承认与居民间的沟通渠道主要是靠贴告示，渠道单一且低效。社区居委会没有及时反映、收集社情民意，没有很好地发挥政府与社区居民的桥梁作用，潜在地催生出很多社区管理风险。

我们团队尝试着从居委会的角度去了解当下柳工社区居委会的现状和问题。通过对居委会日常工作的观察和对社区工作人员的访谈，我们可以得出的结论是：社区居委会在日常工作中常常扮演两个角色，一方面要承担政府下派的大量行政性事务，扮演着政府下派机构的角色；另一方面要承担社区公共事务和社区自治性事务，扮演着社区居民利益代言人的角色。在现实的社区治理中，这两种角色常有冲突，更多的情况是冲突使得社区自治功能得不到更好的发挥，积累了许多矛盾。就这方面来说，考虑在行政化特征日益突显的情况下探讨社区居委会自治功能的复位是有必要的。

第五节　关于社区居委会功能复位的几点建议

基于我们的调查，我们主张用两点论与重点论相统一的观点来定性社区，即社区既具有群众自治的特征，又具有政府行政的特征。我们将就如何发挥社区居委会的政府行政特征，方便居民日常办事，同时又能推动社区自治功能的发挥，提出以下几点建议：

1. 社区居委会的行政性工作要有所"扬弃"

针对社区居委会行政事务过重，自治功能难发挥的现状，以及居民对于社区居委会某些行政性工作的欢迎，我们提出了"扬弃"。这里的"扬弃"指的是：一方面，对于一些长期的、受众广的，能够很大程度上方便社区居民的行政性工作，社区居委会应该考虑保留；另一方面，对于一些短期的、受众面小的，让居民去原来的政府机关办理对于全体社区居民来说影响也不是特别大的任务，就不应该下移给社区居委会，增加居委会工作人员的负担。

社区居委会行政性工作"扬弃"的成功与否与街道办事处是密切相关的。为此，必须理顺两者的职责划分，建立起新型互动关系，使街道办事处同居委会之间的这一指导与被指导关系在现实操作中得以回归。首先，理清定位好两者的职责划分。社区居民委员会简称社区居委会，按照我国相关法律的规定，居民委员会属于基层自治组织，组织的主体是群众，该组织可对群体进行教育和管理，同时为群体提供服务。居民委员会可以从相关政府部门以及派出机关得到一定的帮助或指导。而居民委员会也为相关政府部门和派出机关提供支持，帮助他们完成工作。街道办事处同居委会之间是指导与被指导的关系，而不是领导与被领导的关系。其次，街道办事处在职能下移时应该考虑到社区居委会的承受能力，同时做到"权随事走，费随事转"，争取把对社区居委会自治功能的发挥的影响降到最小。对于不属法律规定但又必须由居委会协助的，由街道办事处或其他相关政府部门与居委会签订合同，明确权利关系，部分项目实施有偿服务，防止街道办事处或其他相关政府部门利用职权侵占居委会的人力物力资源。最后，两者之间应建立良好的互动关系，居委会有权利和义务去监督评估街道办事处在社区建设、社区发展和社区管理上的工作状况。对此，无论是街道办事处还是居委会本身都应确立这样一种认识，即加强居委会对街道办事处工作状况的监督与评估，既是社区居民自治的必然要求，也是街道办事处密切干群关系，提高社区建设和社区管理水平的必要环节和重要渠道之一。

2. 社区居委会部分服务职能转移，大力培育社区社团组织

在调研中我们发现，柳工社区居委会的公共卫生职能转移了给专门的物业公司，并且物业公司在这方面做得还不错，居民也比较满意。因此，我们可以借鉴这方面的成功经验，社区居委会可以通过大力培育社区社团组织，将一部分的服务职能转移给这些社区社团组织，这样既有利于社区自治功能的发挥，又可以为社区居委会减压。

在居委会职能的转移的过程中，我们需要注意到：职能的性质、服务主体、服务对象等因素都能够影响职能的转移，一些居委会的职能可以进行转移，但一些职能却不能被转移；一些职能可以转移给政府相关部门，却不能转移给社区社会组织；一些职能能够转移给社区社会组织，却不适合政府职能部门承办。例如：对于社区管理这方面，基础性的建设和管理需要居委会来承担，而持续性的管理服务职能，居委会完全可以交由社区居民组织去承接和落实；在社区民政方面，建立社区志愿者队伍，在为居民提供服务、举办社区服务活动、发展服务事业、办好便民利民的服务网点、为居民排忧解难等问题上都可以进行职能的转移。

在培育社区社团组织方面，初期，社区居委会可以引进社工机构，社工在培育社区社团组织和引导其可持续发展方面有着专业的优势，居委会可以让社会工作者帮助培育社区社团组织。同时，社区居委会应该为社团的良好运行提供有利的土壤和环境，可以从以下几方面着手：一是可以尝试建立社区社团组织社会化的发展制度，明确规定社团组织的活动原则、管理办法、备案登记和监督管理制度，对社团建设进行规范化指导；二是对社会组织在社区管理中的业绩表现给予检查、评估，对优秀者实行奖励，对合格者给予认可，对存在问题者限期进行整改或者淘汰；三是为社区社团提供良好的发展空间，让社团组织在资金保障、活动场所、人才力量上得到足够的支持，对发展较好的社团组织实行"以奖代拨"的形式，支持其大力发展；四是引导社会资本建立更多公益性的服务机构，采用各种途径，为社会组织发展积累资金。社区社团组织的草根性、非政府、非营利性使它具有维护、保障群众权益的功能，是人们在小区生活中寻求归属感的重要载体，也是社区居民沟通和交流的重要媒介。社团为社区居民提供了一个畅通的利益表达渠道，有利于维护辖区的稳定，是社会的稀释剂和减压阀。社团在进行各类活动和提供各类服务中，增进了社团成员间的联系和了解，增进了居民间的信任，消弭了居民之间的陌生，消除了居民与干部之间的矛盾。所有这些都有利于社区民主政治的发展和社会稳定。

3. 强化社区居民治理参与平台建设，提高社区居民的归属感和使命感

在调查中，有许多社区居民表达了让社区居委会建立更便捷的沟通渠道的诉求。在此，我们也建议社区居委会可以通过微信或其他网络平台建立透明高效的参与渠道，引导居民主动参与互动，提高居民的归属感和认同感。更重要的是，社区居民是社区自治的第一主体，社区居民的参与是社区发展的关键，没有居民的参与，社区建设就失去了主题。社区居民参与社区建设的规模、程度和规范化水平将直接关系到社区自治功能的发挥，影响社区的发展和成熟。唯有通过积极且富有成效的沟通，才能引导社区居民热心参与社区事务，投身社区建设，同时能得到社区居委会的积极回应，只有这样的居民才会真正地把社区当成家。

第六节　小　　结

本章通过对柳州市柳工社区的调查研究，从社区居民和社区居委会两个角度去了解并尝试摸索出一条适合当下由"单位制"转向"社区制"的社区的发展新路径。

通过此次调查研究，我们主张用两点论和重点论相统一的观点来定性和分析社区，认为当今的社区正处于一个过渡性的阶段，完全的行政化和完全的自治都是不适合的。因此，我们期望当下的社区在保留一些行政性工作的同时，也能大力发挥社区的自治功能，并提出了相应的建议。社区建设任重道远，实现社区自治功能的完全发挥，还需要一个过渡的时间。但是，我们相信在党和政府的领导下，专家学者积极建言献策，社区积极参与，只要我们众志成城，那么离建立一个方便百姓、全民参与、共享共建的和谐社区并不遥远。

参考文献

[1] 伊海洁，赵丽. 城市社区居委会的功能偏差分析 [J]. 哈尔滨工业大学学报，2006（6）.

[2] 付兵. 增强社区居委会自治性的基本路径 [J]. 四川理工学院学报，2011（6）.

[3] 王雪妮. 社区居委会：行政控制与社会自治——以北京市 A 社区为例 [J]. 首都经济贸易大学，2012（6）.

[4] 沈剑霞. 社区工作要逐步淡出行政化 [J]. 今日浙江，2004（5）.

[5] 费孝通. 中国现代化城市对社区建设的再思考 [J]. 社会转型与社区发展——社区建设研讨会论文集，2001（11）.

[6] 李建斌，李寒. 转型期我国城市社区自治的参与不足：困境与突破 [J]. 江西社会科学，2005（6）.

[7] 邵晓翀. 当代中国社会治理的基础——从居委会"万能章"到公民个人身份认定 [J]. 上海社会科学院，2015（3）.

[8] 冯丹华. 论城市社区居委会的角色定位 [J]. 苏州大学，2013（10）.

[9] 徐晓军. 社区工作者群众工作"3+3"综合能力模型 [J]. 江汉大学学报（社会科学版），2016（9）.

[10] 王邦佐. 居委会与社区治理 [M]. 上海人民出版社，2003（1）.

第四章 助人自助：在儿童福利院介入专业社会工作的困境研究

第一节 绪 论

一、研究背景

如今，中国的孤残儿童数量也与经济发展指标一样，以倍数的增长量保持攀升状态。据统计，目前我国的孤残儿童数量已经达到了 888.55 万，这个数字仍然呈现增长的姿态。[1] 截至 2011 年底，我国专门的儿童福利机构共计 397 个，福利院职工人 1 万人，集中供养孤残儿童 5 万余人，工作人员和被照顾儿童的比例约为 1∶5，即一个工作人员照顾 5 个孤残儿童。而被收养或寄养的孤残儿童数量为 31 424 人[2]，国家和社会对孤残儿童的福利服务政策是任道而重远。近年来，随着院舍化服务模式弊端日渐凸显，人们开始不断尝试和探索寄养模式的发展路线，而且寄养模式目前已经成为福利院扶养模式发展和改革的一条主流线，毕竟儿童只有在真正的家庭中抚养和照顾，才会体会到原生家庭的关爱以及个性化培养，进而更好地融入社会。但是根据国内大多数寄养规定，他们一般将 3—10 岁的正常孤残儿童送入寄养家庭，而 10—18 岁的孤残儿童仍然被留在院中，因为这个年龄阶段的孩子长期生活在封闭的集体环境中，他们中很多人有着严重的行为偏差问题，加之处在青春期的孩子在该阶段本来就具有特殊性，因此很多被寄养的孩子会因为各

---

[1] 网易新闻报道.中国孤残儿童和福利机构现状 [EB/OL]. http://baby.163.com/special/baobaoxd01/.

[2] 数据来源：中国统计年鉴 2012，http://www.stats.gov.cn/tjsj/ndsj/2012/indexch.htm。

种各样的问题被遣送回来，没有家庭会愿意寄养他们。故此，目前来看我国对孤残儿童的主要供养模式还是以集中供养模式为主，寄养家庭模式为辅。关注集中供养下的福利院儿童的身心发展尤为重要。

随着儿童福利事业的发展，国家对孤残儿童的社会救助力量和水平也在不断地提高，然而国家对儿童福利服务的保障职能水平相对单一，重生存、轻发展。现在生活在福利院的儿童，他们的基本的物质生活需求已经得到满足。然而，院舍化儿童长期生活在福利院的集中供养环境下，他们从小没有父母，与他人缺乏依恋感，与社会环境隔离，儿童本该具备的健康身心、社会融入及适应水平等素质难以得到提高和再教育。因此，寻找和探索福利院儿童具体困境的呈现，对需要服务儿童福利院的社工（或学生）提供一些思路和借鉴，对高校社会工作教育提供一些启示。从福利院儿童的实际需求视角出发，积极解决儿童面临的问题，帮助儿童健康成长。

二、研究意义

（一）理论意义

社会工作专业源于西方，西方国家的社会工作发展路线是先"做"出来的，然后才有专业理论的形成，然而中国的专业社会工作发展不是自下而上，而是自上而下，教育先行的发展模式，导致在专业社会工作发展过程中，作为舶来品的专业社会工作往往会面临诸多本土化的困境，故此，本研究拟通过具体实务工作进行困境反思，同时探索出路，为丰富社会工作本土化理论而努力，尤其是为本土化的儿童社会工作理论贡献个人的微薄之力。

（二）实践意义

专业社会工作在柳州市的发展相比其他地区略有差距，专业社会工作在儿童福利院服务领域中的尝试也不多，因此，通过对社工介入福利院儿童的具体实务的呈现，总结和反思其介入困境，探索社会工作专业服务在儿童福利服务领域的本土化应用，以提高社会工作服务质量，促进儿童健康成长。

三、研究方法

本章以柳州市儿童福利院为个案研究对象，探讨以社会工作实习社工的身份介入儿童福利院服务时出现的困境，并在分析出现困境的基础上进行对服务出路的讨论。柳州市儿童福利院开展本土社会工作服务的模式一直是以政府主导的体制化形式存在，并且时间较早，在管理模式上比较稳固。加之笔者在该儿童福利院实习时间较长，在平时开展服务和观察的基础上，与福利院工作人员及儿童保持着良好的合作关系，可以亲自去观察问题和发现问题，并且能够直接接触研究对象，这对笔者的研究提供了很大的便捷性及可操作性，对本章研究来说也提供了极大的可行性。

1. 参与式观察法

笔者作为广西科技大学社会工作专业的一名实习社工的指导老师，进入柳州市儿童福利院指导实习，在儿童福利院中开展专业社会工作服务，直到学生实习结束。本研究不会像定量研究那样有某种预设，而是根据工作或者实践兴趣，针对一些有意义和价值的议题进行研究和探索。参与式观察法是研究者深入到研究对象的实际生活环境当中，对其日常生活进行观察。

2. 访谈法

本章在收集资料时候采用了访谈法，主要采用的是半结构式访谈。笔者的访谈对象主要是：本实习团队社工学生（4个），主要访谈内容为了解学生在参与实习过程中，对于专业社会工作实习的想法，如对专业看法、对服务内容的评价、介入困境信息收集等；访谈高校社会工作实习督导老师，进行对关于院舍化服务模式与社会工作的区别、想法，以及专业社工在介入儿童福利院时候的总体评价。访谈内容围绕对社会工作服务开展活动情况的了解以及评估，掌握现实数据，更好服务儿童的同时，探索适合福利院儿童的社会工作服务方向。

3. 问卷调查法

问卷调查法也称为"书面调查法"或"填表法"，指用书面形式间接搜集研究材料的一种调查手段。通过向调查者发出简明扼要的征询单（表），请示填写对有关问题的意见和建议来间接获得材料和信息。通过设置问卷，对柳州市儿童福利院的儿童进行施测。

四、文献综述

（一）国内儿童福利院福利服务现状

国内对孤残儿童的抚育模式主要分为机构集中供养模式、助养模式、代养模式、家庭寄养模式、收养模式等几种形式（贾维周，2005），贾维周还提出集中供养是我国目前主要的抚养形式。儿童福利机构的院舍集中供养是最传统、最古老的孤残儿童照顾模式，目前的学者及各界的研究和实践认为，这种模式由于存在结构性和体制性等弊端，对于儿童身心健康成长和成年后顺利融入社会存在诸多不利影响（胡奇，2012）。贾维周、胡奇将儿童福利院的服务困难主要归类为以下几点：首先，集中供养模式无法满足孤残儿童身心发展问题。福利院儿童一般处于封闭的集中生活式的照顾模式中，这种模式虽然方便管理和节约成本，但是对于儿童的健全人格及社会融入方面却存在很大的漏洞和不足。其次，工作人员的提供无法满足福利院孤残儿童照顾的需求。一方面，儿童的数量增长快，而工作人员的数量却增长缓慢，导致供不应求；另一方面，院内工作人员整体专业素质偏低，缺少如营养师、心理治疗员和社会工作者等专业儿童福利人员。

伴随着儿童福利的发展，院舍化照顾问题凸显，以集中供养模式为主的儿童福利院试图探索不一样的供养模式。通过对文献的梳理，儿童福利院纷纷主张从单一的"以养为主"，开始向"养、治、教与康复并重"转变。如马利峰（2009）通过以组织、协调、培训、管理、考核为原则，建立专门部门负责审核和配对，最终签订协议转让孩子监护权的具体操作模式。[1] 王俊丽（2009）以具体的个案分析为前提，采用具体的寄养家庭介入计划，阶段性地进行寄养家庭儿童的服务。当然，除了对寄养家庭具体操作模式的呈现外，也有部分文献是在寄养家庭方法论上做出的一些探讨和介入。

（二）我国专业社会工作介入儿童福利院服务状况的研究

随着社会工作事业的发展，国内社会工作专业如雨后春笋般发展起来。社会工

---

[1] 马利峰，胡悦，罗思荣. 孤残儿童家庭寄养模式暨"杭州模式"的建构[J]. 山西高等学校社会科学学报，2009（9）.

作专业是一门关注弱势群体的专业,为满足孤残儿童的各方面需求,促进孤残儿童身心发展,国内学者纷纷在专业社会工作应该介入、如何介入以及介入载体等方面做了很多探索,主要分为以下几个方法:

第一,从社会工作专业理念和价值层面上探讨社工介入福利院儿童群体的可行性。比如,朱孔芳(2006)认为社会工作的专业价值和专业理念与福利院儿童寄养模式之间存在相契合的关系,并提出寄养家庭中社会工作者职业化和专业化的发展和建设。[1]此外,王丽通过分析福利院儿童心理和行为认知偏差,针对社会工作专业的服务手法,实证研究了儿童的具体性需求,探讨社会工作服务介入福利院寄养家庭儿童的优势和可行性,并对如何介入提出一定的思路和构想。这一维度介入主要着重强调社会工作作为一门助人的专业在价值理念上体现的特殊性与人文关怀特质同弱势群体关怀契合。

第二,社会工作专业在福利院儿童中理论层面的探讨。例如李细香、阳海霞(2011)通过立足我国家庭寄养工作的现实情况,指出家庭寄养工作面临的问题,探讨社会工作在我国孤残儿童家庭寄养工作中的介入空间。李艳鸽(2012)运用专业社会工作的理论与方法,以目前家庭寄养中出现的问题为导向,从社工的角度反思家庭寄养中出现的困境,探讨社会工作在家庭寄养中介入的空间,并结合儿童福利院的具体情况和家庭寄养过程中存在的问题,提出对社会工作介入家庭寄养的反思性建议。这一维度的社工介入往往体现在理论方法分析和运用层面,实际上也是一种非实践性的社会工作服务。

第三,社会工作三大方法开展具体实务的社会工作模式。于囡璐以福利院若干残疾儿童为案主,从微观层面应用社会工作的方法开展康复工作,关键介入思路是通过具体社会工作服务的开展,发现残疾儿童的优势和潜能,提高残疾儿童的自信心,建立正常的人际关系,实现社会康复,并形成具体实务操作方法。张莉以深圳市儿童福利院为研究地点,经过实地研究与参与观察,运用个案和小组的方法对孤残儿童欺凌行为进行干预和介入,诠释社会工作介入福利院孤残儿童的价值和意义,帮助孤残儿童拥有健康的精神生活。

综上所述,目前我国对福利机构的文献研究比较多,主要是从机构模式的转变、

---

[1] 朱孔芳.专业社会工作介入孤残儿童家庭寄养探析——以上海市儿童福利院为例[J].华东理工大学学报(社会科学版),2006(12).

机构内的抚养方式、改革措施等儿童福利服务政策或模式变化的宏观角度进行研究的，且多是针对发达地区政府兴办的福利机构，而西南地区，尤其关于贵州福利机构的研究是少之又少，很是缺乏。

五、理论依据

1. 儿童依恋理论

依恋理论最初是由英国著名精神分析师约翰·鲍尔比（Bowlby）提出来的。约翰·鲍尔比致力于体会和理解婴儿在儿时与父母分离的时候所感受到的痛苦情绪和苦恼，他观察到了这些被分离的婴儿会以很极端的方式，例如哭喊、紧抓不放等来回应他们的痛苦。这些行为被认为是一种不成熟的防御机制，然而鲍尔比却认为这些反应能够与依恋对象形成一种长期的、稳定依恋的亲密关系，以维持孩子的生存和成长。此外，这种自然而然形成的亲密依恋行为系统的行为控制系统，可以有效调整和改进依恋对象的亲密，这种亲密关系有着生物进化的功能。[1] 鲍尔比还提出，当孩子在遭遇危险、害怕以及压力的时候，他们就会主动寻求依恋对象的亲近和保护，尤其是父母，他们表现出更多的依恋行为，减少探索以及与陌生人的交往。而当个体感到安全时，他们会进行探索，与陌生人进行社会交往。

鲍尔比还提出，随着年龄增加和认知的发展，个体与抚养者在交往过程中形成的依恋关系会转化为自我和他人的心理表征，这种心理表征被称为依恋的内部工作模式。[2] 按照发展心理学家斯沃思关于"陌生情境"的实验过程，根据孩子与母亲的依恋表征确定了三种依恋模式，即回避型、安全型、矛盾型。[3] 若婴儿在幼年时期与母亲的互动形成了正常的依恋行为，他们成长以后就会形成安全型的依恋模式，即培养出对陌生环境的信任感以及帮助儿童在未来生活中建立安全感。像长期从小生活在儿童福利院的儿童，由于其成长过程缺乏来自母亲及亲密保护人的依恋感培养，往往会导致孩子在社会情景中因为长期的隔离出现反社会行为，更有甚者表现出很多攻击性行为，因此，在福利院儿童成长的过程中，一定的依恋行为对孩子的身心发展有着积极的影响和帮助，柳州市儿童福利院主张逐渐重视和推广寄养服务，与

---

[1] 谷传华，王美萍. 儿童依恋理论述评 [J]. 山东师大学报（社会科学版），2000（3）.
[2] 侯静. 依恋理论与社会网络理论的进展 [J]. 心理发展与教育，2008（1）.
[3] 彭聃龄. 普通心理学 [M]. 北京师范大学出版社，2004（3）.

该理论有着必然的相关性。

2. 嵌入理论

嵌入的最基本释义是指紧紧地埋入、镶入，牢固或者深深地固定的意思。嵌入理论是由匈牙利著名思想家卡尔·波兰尼提出的，他认为经济体系是嵌入在社会关系之中，经济在某种程度上是不能自给的，它必须从属于政治、宗教以及社会关系之中，[1]以这种从属互动关系作为前提才能保证市场经济的正常运转。对"嵌入性"理论进行系统解释的是美国著名社会学家马克·格兰诺维特，他从深层次的视角分析了嵌入机制、影响嵌入的因素以及产生的后果。

在王思斌老师的《中国社会工作的嵌入性发展》一书中，他提出嵌入其实就是指某一事物（固体A）卡进另一事物（固体B）的过程和结果。他认为一般把A进入B的过程称为嵌入，如果当A已经完全进入B时，那么证明A已经嵌入于B。为了清晰地解释中国社会工作的嵌入性发展，他对嵌入的概念做了一些补充，比如从嵌入主体、嵌入对象、嵌入过程、嵌入效应等维度研究中国社会工作发展背景以及发展出路。[2]

第二节　社会工作介入福利院的状况

一、柳州市儿童福利院简介及福利服务概况

柳州市儿童福利院于2002年建院，坚持以人为本，坚持"一切为了孩子"的办院宗旨。柳州市儿童福利院主要收养孤儿、弃婴和残疾的儿童，通过涉外送养、国内收养、家庭寄养等形式，使众多的孤残儿童重新融入家庭，享受家庭的温馨，享受家人的关爱。院内设有办公室、业务科、后勤科和卫生所。业务科设有五个区，其中一区为幼儿区，安置3—6岁的智力正常或者轻度残疾的幼儿；二区（引导式教育中心）为脑瘫康复区，安置脑瘫儿童，负责康复、功能训练、教育工作；三区为婴儿区，安置0—3岁的婴儿，负责婴儿的生活护理和早教；四区为学童教育区，安

---

[1] ［匈］卡尔·波兰尼. 巨变[M]. 社会科学文献出版社，2013（1）.

[2] 王思斌. 中国社会工作的嵌入性发展[J]. 社会科学战线，2011（2）.

置6岁以上有自理能力的儿童,使他们接受院内院外教育,给特殊儿童创造机会,使他们接受特殊教育;五区安置智障儿童。目前有二十多名智力健全的孩子在小学、初中、高中、职高、特教学校以及大学接受教育,有十多名孩子在外工作。

二、专业社会工作在柳州市儿童福利院服务状况

长期以来,作为柳州市办有社会工作专业本科的唯一高校,广西科技大学社会科学学院一直与柳州市儿童福利院保持着专业学生实习合作,每年都会输送大二、大三的高年级学生到柳州市儿童福利院进行专业实习和大四的毕业实习。此外,高校的社会工作专业的任课老师也会到福利院开展相关的社会工作活动。

三、专业社会工作服务介入状况描述

(一)接案阶段

接案是社工与服务对象接触时候的第一个工作,在此阶段中,我们主要做了以下几个事情:

1. 资料准备工作

督导老师引导社工学生在这个阶段查阅并阅读关于儿童社会工作类别的书籍,目的在于使社工在进入服务领域前对儿童福利服务知识有基本的了解和把握,便于社工与福利院工作人员进行工作对接,以及了解福利院内部儿童的基本状况。出于对基本档案资料的保护,院方并没有给我们福利院儿童的个人基本资料信息,即使社工表达会遵守保密原则,院方依然未能答应,因此收集资料完全寄托于社工入院面谈和观察。

2. 面　　谈

在面谈之前,社工十分明确面对的服务对象属于非自愿型案主,因此与福利院孩子接触时,对孩子们表现出的某些抵抗情绪和行为也做好了准备。在整理了面谈提纲后,社工主要对福利院教学部的生活老师、福利院儿童进行了面谈工作,主要是界定福利院儿童的需要和基本问题。这个时期其实亦是需求评估的过程,同时也是专业信任关系建立的过程,因此在面谈中,社工积极运用倾听、尊重等技巧,走

进福利院儿童，打开儿童心扉并使其接受社工。

3. 建立专业关系，签署服务协议以及签订服务计划

在接案阶段，社工本应该通过与服务对象的接触来界定问题并确定服务计划，但是，社工在走进服务对象的过程中就遇到了很大阻碍和困难，更谈不上签订服务协议一说。

（二）预估阶段

此阶段主要是资料收集及问题界定过程，包括儿童个人资料以及环境资料的收集，主要通过在福利院与孩子的接触，了解核心问题和福利院儿童的迫切需要。预估前提条件是与服务对象建立信任关系，但是在此阶段社工与孩子的陌生感和不信任感仍然存在，一方面社工不放弃与孩子建立亲近关系，另一方面社工在收集资料上主要是通过对孩子的生活观察、生活老师提供线索、福利院内部社工提出相关任务这三个方面进行问题的界定与预估。亟待解决的问题主要如下：①教学部部分儿童出现的个别化问题，主要有儿童A的网瘾问题、儿童B的心理创伤问题（刚得知父亲在监狱过世）。②福利院儿童普遍性问题，主要有攻击性行为、日常行为缺乏规范、青春期自我认知、人际交往、偷盗等问题。在福利院接触孩子的过程中，社工发现大孩子欺负小孩子的现象十分严重，这种攻击性行为很大部分源于环境的习得行为，儿童在成长过程因为缺乏认知能力产生模仿行为，攻击性行为的模仿和习得对儿童日后成长极为不利，他们常常认为解决问题最好是通过暴力来解决，这一认知相当危险。③福利院内部管理制度问题，如外来人员拜访管理混乱、对儿童安全管理方式缺乏科学性、机构照顾者人数以及服务能力不够等。④福利院孩子朋辈、家庭（福利院）学校、社区等社会支持系统不足。

（三）计划阶段

计划阶段是社工介入的蓝图，社工在计划阶段应该在对福利院儿童的问题、需要以及与环境交互作用的资料和问题进行基本判断后，通过设计计划指导介入行动来帮助服务对象。因此在这个阶段中，社工根据对服务对象问题的确定和了解，开展了以下两个系统的介入：①儿童自身系统。经过社工预估，帮助儿童自我认知、情绪疏导、改善人际关系、融入社会，让儿童以理性思维对待父母的抛弃，树立感恩教育，帮助其实现身心健康。②家庭（福利院）系统。其实福利院自身环境对儿童来说就是他们的家，集中供养模式下的很多弊端在很大程度上影响了孩子在"温暖"的环境下健康成长，因此社工试图改善不利于孩子成长的院舍化制度，营造良好家庭氛围。

（四）介入阶段

1. 个案工作开展情况

在面临两个情况严重的个案时，服务团队安排两名实务经验丰富的社工进行介入。由于该阶段社工还在与服务对象进行相互了解和熟悉，因此社工把关注重点放在与该两名案主（阿军、罗亮）信任关系的建立上。以下分别是对阿军与罗亮的个案开展情况：

> 个案A（阿军）：男，15岁，刚被寄养家庭遣送回来，原因是因为阿军沉迷于上网和网络游戏，在与寄养家庭生活的过程中，天天背着养父母去网吧上网打游戏，且阿军正值青少年叛逆期，阿军的养父母把他送回福利院，称无法管教，不准备寄养。阿军被遣送回福利院的时间里，网瘾愈发严重，从早到晚除了上厕所和睡觉，其余时间就在微机室玩游戏，让生活老师十分头疼，机构工作人员多次劝说无效，因此将该案主转介于社工，希望解决阿军的网瘾问题。

在与服务对象建立关系初期，负责阿军的社工在介入前通过对案主人脸识别后，在微机室里找到了阿军，当时他正在投入地玩游戏，社工试图以游戏为媒介与阿军搭讪，探讨关于玩游戏的心得以及感受，阿军显示出爱理不理的态度，并无心与其交谈，当社工询问他对游戏的看法时，阿军表示自己玩游戏没有瘾，仅仅是放松而已，并没有老师们说的那么夸张。同时，由于该案主是被强制非自愿接受服务的，因此专业关系更加不易建立。第一次受挫后，从来不玩游戏的社工表示要学"英雄联盟"（阿军玩的游戏）的玩法，想要通过玩游戏的方式拉近与阿军的关系，建立专业关系。当社工第二次想要见阿军并与其"玩游戏"时，却发现他躲在微机室不出来，社工怎么敲门他都不开门。之前微机室的门都是开着的，自从社工与阿军在微机室谈话后，门便紧闭，因为阿军在知道社工到来之前便把门反锁，社工束手无策。个案A阿军的网瘾介入因案主的绝对反感和排斥而被迫中断。

个案 B（阿亮）：12 岁，男生，父亲在他 8 岁时候被捕入狱。剩下的唯一亲人母亲也因此出走，阿亮因无人抚养被公安机关送往儿童福利院。阿亮在院中已经待了四年，他个性孤僻，不爱说话，空余时间基本都在看电视，也不和同伴玩耍。阿亮的父亲在监狱中意外死亡，当院方把消息告诉他以后，他的反应出奇的正常，就连最亲近的生活老师问他，他也都是沉默，不哭也不笑，就像什么事都没有发生过一样，同寝室的室友也反映其表现正常，未看出任何不一样的地方。因此机构工作人员担心孩子的心理出现阴影和问题，希望社工进行疏导和介入。

阿亮对于社工来说是比较熟悉的服务对象，每次社工去的时候，他都会朝社工笑一笑，但是阿亮性格十分内向，极少说话。负责阿亮个案的社工在进入儿童福利院后，将焦点放在阿亮身上。与阿亮接触初期主要是陪伴阿亮看电视，因为他唯一的活动和爱好就是看电视，尽管当时其他社工在开展一些游戏，但是阿亮都极少参与，觉得没意思（尽管很多游戏别的孩子玩得很开心）。社工在与阿亮看电视的过程中会与他讨论电视剧情节，鼓励他多表达，初期效果很好，阿亮能很顺畅地与社工交流和沟通。前期关系升温后，社工在后续阶段试图寻找契机谈及阿亮父亲的情况，了解他内心的想法及反应，在对话过程中，社工担心阿亮对这件事情过分在意，不愿意让其他人知道，因此社工并未表露出自己早已知道实情，并希望阿亮能够主动倾诉，但是阿亮的反应与生活老师告诉社工的反应无异：一语不发，面无表情。阿亮不愿意说话，故意躲闪、逃避社工的眼神。社工出于对自身能力经验的担忧以及案主始终保持沉默的态度，中断了个案辅导。

2. 小组工作开展情况

在儿童日常行为规范的教育小组上，通过小组内容和游戏设计引出儿童日常行为规范主题，同时在小组中融入孩子自我认识以及正确沟通交往等环节。在小组带领时，社工遇到了前所未有的挑战：首先是孩子们长期接受外来爱心志愿者的拜访，很多志愿者会带领孩子们做游戏，长期的熏陶和被动接受导致孩子们对游戏产生厌恶和反感。但是在儿童的小组过程中，社工不是关注游戏本身，而是游戏后引出的讨论和思考，组员们纷纷对游戏失去兴趣，并表现出反感态度，这对一直以游戏为媒介的小组设计增加了难题，社工不得不探寻其他方式使小组顺利开展下去。其次是由于组员的年龄结构层面差异大，大孩子喜欢的活动小孩子不喜欢，小孩子热衷的大孩子觉得没有意思，这在游戏设计上出现了困难，因此社工针对年龄做了区分和分组。最后，由于社工在前期与儿童建立了相对熟悉的关系，孩子们在某种程度上会出现撒娇、淘气、哭闹等行为吸引社工注意，导致小组秩序被打乱。尽管小组组规里已经制定了小组规范，但是由于孩子们年龄太小等原因未能遵守小组契约和规范。

第三节 专业社会工作介入困境分析

一、嵌入主体层面的困境分析

1. 社工自身实务技能匮乏

按照王思斌对嵌入主体的讨论，嵌入主体实质是指专业社会工作，既是指一个专业活动，同时也指提供专业活动的人群，服务柳州市儿童福利院的社工属于代表专业社会工作服务的人群。在本次开展专业活动的学生中，年级构成主要是大三，他们长期接系统全面的专业知识教育，走出象牙塔后不免有专业化程度远远不够之感，所表现的实务能力也严重不足。

2. 社工在专业社会工作中的伦理困境

社工在儿童福利院服务的过程中，遇到最多的也是最棘手的问题主要是来自行政权威的伦理挑战。社会工作是一种政治实践，社工需要参与社会倡导工作，推动改革，挑战现有的不平等权力架构，并努力改变资源分配不公和受压迫者被支配的情况。中国的社会工作服务毫无疑问扮演着行政性的色彩，所以才有"去行政化"一说。在中国行政管理的体系中，由于环境等条件限制，社工服务无法有效地保护服务对象免于受到伤害，进而不能很好地维护社会的公平正义。

社会工作者作为助人活动的主体，需要以社工价值伦理"价值中立"为前提，价值中立需要依据案主情况进行"客观性"的追求，在服务案主时不能有任何价值干涉元素在其中，摒弃个人的自我价值介入才能达到科学和客观。然而，社工学生在纷繁复杂的社会关系中，能真正做到价值中立吗？价值中立真的能够很好地践行并存在吗？在儿童福利院的社工群体中，我们的价值是多元的，我们判断事务是非的背后是已经形成的隐藏起来的价值系统和文化系统，这种价值判断时刻都伴随着社工的行动选择。例如在无任何证据证实的情况下，福利院老师因车身被划而归结于一个孩子所为并实施体罚的时候，社工往往会把天平偏向了孩子一方。老师判断划车是该孩子所为仅仅是因为该孩子在院中的"坏孩子"形象，而社工觉得孩子成为了替罪羊，但是在这个事件背后，社工是否是从体罚本身的不合理性以及与孩子的亲密关系而做出了相应的偏袒？如果从价值无涉角度来讲，社工是否应该反思老师做此判断的合理性因素，老师在儿童管教方式上的看法以及现实情况的复杂性等。就如以打骂孩子为教养方式的福利院老师，如果他们不接受社工对于民主性管教方式的看法，社工也不应给予强加。在福利院中经常遇到诸多类似的问题，社工需要时时反思自己的言行，以便让自己保持清醒的头脑。

3. 社工在社会工作方法上遭遇本土化挑战

在西方，社会工作专业是在行动过程中建立起来的，后续才有相关理论和学科的建立，然而在中国却是以教育先行的思路发展起来，教育者在课堂里谈到的理论知识和方法技术在中国往往显得格格不入，专业技巧和方法遭遇诸多挑战。比如，社工在接案开始阶段，为了建立关系，社工需要关心孩子，并且有情感的输出，但专业伦理要求社工适当控制好自己的情绪。但很多时候我们发现，在与孩子建立关系的过程中，如果没有情感的付出，那么服务就成为了一种冷冰冰的互动，孩子不可能信任你。但过多的情感付出，会让福利院的孩子把你当成了很亲的姐姐和哥哥，在你面前撒娇、调皮、过度依赖，扰乱小组活动秩序。教科书上说，适度的情感介入有助于助人目的的达成与服务关系的建立。但是在实务层面，到底怎么做才是合适的呢？课本上提出，解决这种困难情景需要运用"反移情"的方法，但如何去寻找其中的平衡点似乎又是社工需要去探究的，即不戴着假面具去面对孩子，让孩子相信社工在关心他，却又可以严格恪守专业关系。类似的情况还体现在保密、案主自决等问题上，各种冲突与矛盾如何本土化，将是一个非常大的挑战和困难。

二、嵌入对象层面的困境分析

1. 社工服务时间与孩子空余时间相冲突

考虑到周一至周五是社工学生与孩子去学校上课的时间,因此决定在周六、周日进行社工活动的开展,这种选择也相对合理。但是,我们在实际操作过程中却发现了一个比较棘手的问题。很多高年级的孩子在周六与周日这两天要集中去校外上辅导班和培训班,因此社工进入院内的时候只能接触部分的儿童,而且院方提供的几个个案对象在社工进入院内时都在外面补课,很难有机会和时间接触到他们。工作时间存在一定的冲突导致社工接触的服务对象有限(年纪比较小的小孩子),很难有条件对需要介入的案主进行服务。

2. 儿童福利院内部管理与体制问题

在柳州市儿童福利院开展专业服务的过程中,我们发现在国家行政体制内开展活动相当困难,强大的行政体制力量的束缚让社工在服务孩子、开展活动时遭遇很多阻力。本章重点讲述行政体制内部阻碍社工专业服务开展的管理模式及体系,主要包括以下几个方面:首先,院内采用封闭式管理。作为集中供养下的柳州市儿童福利院的儿童,他们的吃、住、行基本全部在院内完成,孩子们没有进出院外的权利和自由。年龄小的孩子长期生活在院内,由院内工作人员照顾,当孩子满足上学条件以后,他们会被集体带到就近学校上学,上课时接去学校,下课时又被送回来,除了假期有一两次一个星期左右的外出参与社会实践的机会,其他时间基本呆在院内。其次是福利院"高效"的管理方法对孩子的伤害。在访谈以及介入服务过程中发现,福利院自身照料模式上存在很多问题,这些问题对儿童长期构成负面影响,社工很难从根本上解决孩子的问题。

3. 福利院儿童对外界的排斥

专业社工介入柳州市儿童福利院主要是以教学部为服务对象,但是在开展过程中发现,与福利院儿童建立相互信任的专业关系十分困难。被遗弃的儿童由于长期缺乏全面的保护和照料,容易形成孤僻、内向、敏感、自卑、冷漠等心理,很难对别人产生信任感,也很难与之建立亲密关系。因此在服务开始之初,孩子们对社工完全是排斥、冷漠的态度。经过接触和了解我们才发现,孩子们长期配合政府领导们的视察工作、外界爱心人士的募捐参观和拜访以及学生志愿者的献爱心等活动，导致福利院儿童对外来人员在某种程度上产生厌倦和反感情绪。

三、嵌入过程层面的困境分析

嵌入过程主要是指专业社会工作体系嵌入到柳州市儿童福利院服务领域的过程，主要研究内容是专业的社会工作实习进入到福利院的服务领域中出现的碰撞及阻力，即嵌入主体在嵌入客体过程中无法避免会出现相互碰撞现象及阻力，社工学生在服务过程具体遇到的阻力主要如下：

1. 儿童福利院行政权力色彩浓厚

柳州市儿童福利院属于民政局下的事业单位，院内的管理体系基本上是行政化运作，难免在服务具体的实施过程中遭遇行政化的干扰。儿童福利院在民政局的指导下自上而下推广专业社会工作的步伐十分快速，福利院工作人员及儿童在对社会工作毫无概念的前提下开展服务，无疑会对专业社会工作的接纳产生障碍。且福利院领导部门仅仅是出于服从上级指导和安排注入社工力量，但从本质上讲，无论是院中工作人员还是儿童，都未真正地认可社工和接纳社工，他们甚至觉得社工就是带着小孩子玩耍的志愿者而已，这样的标签导致社工很难自主地开展专业服务，专业社会工作也因为经常游离在本土场域的边缘而失去自主性，此外，强大稳定的行政管理体系让专业社工的介入空间也极其有限。

2. 院舍化服务模式与专业社会工作服务理念之间的冲突

在儿童社会工作中，社工主要是以儿童利益最大化为准则，以儿童身心健康发展为使命，满足儿童需求，促进儿童健康成长，这一理念与儿童福利院的服务理念基本没有矛盾的地方。但是在福利院中，理念的倡导在具体执行上存在一定悬殊。从院方来说，福利院为了方便管理，节约成本，同时出于对儿童安全因素的考虑，福利院内部设置很多缺乏人性化的规定，"以人为本"的服务理念很难实现。此外，院方的工作人员和老师也知道需要全方位关注儿童，给儿童更多的关爱和照顾，但自身精力十分有限，一个老师要照顾十几个甚至是几十个孩子，即使有为孩子服务的理念，很多老师也感叹精力不足，有力不从心之感。社工学生以福利院孩子的需求为服务主线，制定活动方案和介入策略，但是社工学生在与孩子接触的过程中发现，院里有很多管理规定对孩子成长十分不利，但是又不得不妥协于福利院出于保护儿童安全的需要而采取的种种措施，有社工学生在回忆福利院服务时觉得福利院就是一个"小监狱"，他看到里面隐藏的问题，但面对很多力量的阻碍，觉得自己根本做不了什么事情。

第四节 专业社会工作介入的对策及出路

当前，柳州市的专业社会工作发展程度与国内其他地区相比是有差异的，柳州市的专业社会工作在介入以政府主导的柳州市儿童福利院领域上尚属于探索阶段。为了锻炼学生实务经验的积累以及完成毕业的要求，目前全国高校纷纷以专业实习点作为桥梁，为社会有需求的服务主体提供专业社会工作服务，就笔者所在高校为例，本专业一直与不同的服务领域、不同服务对象开展专业社会工作实务，实际上是一种嵌入过程。如何发挥专业社会工作功能，探索服务出路与展望主要是在此背景基础上提出的。

一、嵌入主体层面的对策及出路

1. 优化社会工作专业课程培养模式

首先，优化课程设置，注重理论与实务训练相结合。目前高校的社会工作专业培养模式以充分注重学生基础理论的培养与实务训练相结合为宗旨，促进学生专业理论与实务经验相结合，培养学生专业化程度，但在具体实施中，却存在很多不足和缺陷：教师师资水平有限，课堂上重理论、轻实务，理论教学与实务训练脱节。因此在课程设置中，尤其是设计实务课程中，应该加强学生具体实务技巧的操作与演练。此外在具体案例的引用上，完全有必要引用本地区或者实习点中所遇到的典型实务案例，教师引导学生共同探讨并寻找解决对策，从这一角度出发，提前使学生做好相关准备，并能够把社会工作教育与本土化的实践结合起来。除此之外，在课程改革方面，高校应该根据本地区的区域特色，把民族文化联系起来，针对这些特色进行教学改革，更好地为本地社会建设服务。

其次，完善督导体制，提升服务质量。高校鼓励实务教育，就以笔者所在高校为例，为了推动社会工作职业化及加强学生实务能力，高校不断地在校外探索服务领域让学生去实习，主要为集中实习形式，学生必须完成一定的实习时数才能达到毕业要求。通过实训，使学生的理论知识得以运用并转化为实际操作的能力。然而，实务离不开督导指导，督导老师对社工进行专业指导、传授专业技巧、提供情感支持。

最后，加强高校内部实习点之间的学习与交流。以广西科技大学为例，不一样的实习点（民政、福利院、社会组织、社区、学校等）所需要的督导老师也不一样，每个督导老师负责一个或者多个实习点的督导任务，各个实习点之间各自为"政"。其实学生服务的各个实习领域都是一种专业社会工作嵌入的过程，各实习点遇到的困难和障碍在某种程度上是能够相互交流学习的，但学校在实习安排上并未提供此类机会和平台。

2. 社工学生在实务过程中专业方法的本土化

高校专业社会工作与儿童福利院的本土社会工作属于不同的"场域"，分别拥有不同的行为准则及不同的服务手法。美国著名人类学家克利福德·格尔茨（Clifford Geertz）认为，任何一个实务部门的运作逻辑，实质是一套独特的"地方性认识"，它与这个部门在整个社会服务体系中的位置有关，同时也与这个部门的历史沿袭的内部亚文化、部门所处的外部环境，甚至是部门内部人员的非正式关系相关。[1]因此，社工需要学生转变观念，不要受到专业技术的束缚，发挥自己的主观能动性，恪守社会工作价值观理念，充分利用服务对象所处的环境挖掘和探索服务空间，向有利于案主全面发展的目标努力。同时面对一些本土力量，社工需要做出适当的让步和妥协，采取迂回前进的一些开展活动，因为我们不得不正视和面对理想与现实之间存在的张力，并在有限的处境下寻找解决策略。

社工在践行的过程中需要明白，挣扎的过程总是伴随着痛苦。经历了在福利院一年的实务指导，笔者不得不承认，在本土社会工作环境中，我们很多时候需要像水一样，具备有曲有折的姿态，才能流向浩瀚的大海。选择在权利、权威框架内生存，并不是意味着被权利、权威绑架，而是我们在权利制度的限制下学会巧妙曲折地做出改变，以殊途同归的方式保护服务对象。如针对福利院的体制问题，在督导的指导下，我们迂回地选择其他方式介入，比如尝试从院内的杂志改版方向入手，把封

---

[1] 边燕杰，雷鸣. 高校与社会服务部门合作共建"实务导向"型社会工作教育 [J]. 陕西省社会学会学术年会——"关一天经济社会区社会建设与社会工作"论坛文集，2010（6）.

面换成孩子面孔的封面，内容上增加来自孩子的心声，尝试从微小的细节转变福利院缺乏人性化的观念，促使他们从以孩子为本的理念出发，为孩子服务。

3. 提升社会工作者的专业认同

学生是社会工作实习教育的主体，甚至是实习的"主宰者"，他们对社会工作专业的了解和认同，是影响实习教育效果的重要因素。[1]朱眉华认为，由于社会工作是一个新兴专业，报考的学生一般对社工的了解程度非常低，更谈不上怀着诚恳的助人动机选报社会工作专业。[2]在现今的考试制度下，有的学生和家长功利性较强，在报考时只求能读上大学便可，这就影响了学生的学习兴趣和积极性，有一部分被调剂进来的学生更是带着一种抗拒的心理被动地学习。

史柏年、侯欣用"不同的专业承担态度"来描述这种影响，他们指出，由于社会工作专业在国内还处于萌芽状态，许多该专业的学生在入学前对这个专业并无特别的了解，甚至很多学生是误报了这个专业，这种状况使得学生在专业学习时，会经历一个在价值观上对该专业进行判断和接受的过程，并最终表现出不同的专业承担态度，从而影响学生的实习表现。

因此，提升社工自身对专业的认同，不仅需要高校注重对学生专业认同的教育和培养，尤其是价值观教育，而且亟需外部社工事业发展环境的改善。提升社会工作者的个人专业自信，让社工有源源不断的能量和热情为社会工作事业做出贡献。

二、嵌入对象层面的对策及出路

1. 积极探索寄养供养模式

安全的成长环境是儿童健康成长的前提，鉴于集中供养模式下的弊端和局限性，让孤残儿童回归家庭和社会，转变观念并以儿童利益最大化为原则的涉外家庭寄养模式，如今成为各省市儿童福利院的重点工作范畴。福利院儿童在长期封闭的院舍化环境中成长，影响儿童的心理健康、社会适应能力及人际交往能力等，导致社工与孩子之间难以建立信任关系、开展活动。此外福利院孩子既定的人格特质，使社工目前难以彻底解决其自身所存在的问题。社工应积极探索新兴的服务模式，改变

---

[1] 史柏年，侯欣. 社会工作实习 [M]. 社会科学文献出版社，2003（12）.

[2] 朱眉华. 在理想和现实间的徘徊——社会工作专业实习教育的反思 [J]. 华东理工大学学报（社科版），2000（1）.

服务思路，让儿童尽早在有"爸爸妈妈"的寄养家庭中成长，让他们感受关爱。对寄养家庭的渴望也是福利院孩子的心声和需求。

2. 社工对儿童福利院内部员工的介入

自在柳州市儿童福利院开展专业服务以来，我们一直把关注点放在儿童身上，开展的活动基本上针对儿童，很少关注到福利院内部的员工，尤其是直接照顾孩子的生活老师。儿童福利院的生活老师每天与孩子同吃同住，扮演孩子父母的角色，而福利院员工则更多地把自己的角色定位为一个雇佣者，只在基本生活上提供支持，情感的投入却十分欠缺。据长时间与孩子的接触，我们了解到福利院的孩子很少主动找生活老师聊天和谈心，生活老师也很少与孩子有情感上的互动。庞大的儿童数量让福利院员工感觉压力特别大，他们每天都在封闭的环境中做着同样的事情，易形成厌倦情绪并投射在孩子的身上。因此，社工在推进服务的过程中应该把福利院员工作为间接服务对象，尝试运用小组工作的介入对福利院中的生活老师开展活动，增强员工服务孩子的责任心。

3. 积极探索创新活动形式，激发儿童兴趣

从目前的嵌入状况看，社工在与柳州市儿童福利院的服务过程中也探索和总结出一些有益的经验和服务手法，这些经验其实也是专业社会工作嵌入过程中所取得的阶段性效果，即注重以新颖创新的方式吸引孩子参加社工组织的活动，传统的游戏已经不能满足儿童喜好，需要运用不同的形式进行改善和突破。

三、嵌入过程层面的对策及出路

1. 提升儿童福利院对社工身份的认可

针对嵌入过程当中社工的身份不被福利院员工和孩子认可的问题，一方面专业社工在政府主导下的儿童福利院服务，需要一个从"先做—获肯定—谋发展"的三步策略来宣传专业社会工作。由于社会工作专业在中国发展的特殊性，社工在服务领域的陌生感属正常现象，社工需要明白，嵌入现有机制需要一个长时间的过程，这个过程需要社会工作者经历通过自身的努力推进专业服务，尝试获得福利院认可和接受，最终推动与发展的艰难历程，逐步打破社工在福利院中不被认可的尴尬局面。另一方面，社工需要充分利用行政、媒体、公共活动等层面，在儿童福利院对社会

工作专业进行宣传，让福利院及社会增加对社会工作专业的了解度和认可度。比如说社工学生要充分利用儿童福利院及联合社区举办的文艺演出，在演出中积极展现，并且创意性地把社工的专业元素展现出来，这种在公众视野下"露脸"的机会能够很迅速地使服务对象了解社工。

2. 建立儿童福利院与专业社工之间的良性合作机制

第一，在社工进入儿童福利院前，应提前做好准备工作。进入学校之前，社工与福利院方应共同磋商专业服务模式，建立相互合作关系。学校社工所属实习点的负责人与福利院相关领导应相互沟通，详述专业社会工作的开展目标、社工的职责、服务模式、工作明确表现标准、服务素质标准及社工专业守则等。福利院负责人应加强对福利院环境、行政管理、人手编制、儿童人数和儿童基本情况的了解，以便提供服务。尤其是涉及特殊的儿童的关注事项，如脑瘫的儿童不能吃什么。第二，在具体开展专业服务时，学校社工、学校督导老师、福利院机构负责人之间需要通力合作。社工学生与督导老师沟通所遇到的具体问题和意见，并商讨解决意见。由于社工身份目前还不被认可，因此可通过督导与院方进行沟通和商议，协调各项安排，为服务对象争取足够的空间。院方负责人及生活老师及时与儿童聊天和谈心，了解儿童对社工开展专业服务的感受和想法，及时跟社工进行反馈。领导需要引起足够的重视，强调福利院内部的社工部与其他部门之间的良好合作关系，社工在服务过程中很多时候都是充当资源链接者的角色，儿童基本信息管理就是多个部门综合作用的结果，因此各个部门应该有意识地支持专业社工活动的开展。

第五节 研究反思

本章主要是从嵌入理论的视角，研究专业社会工作在嵌入以政府为主导的本土社会工作服务领域过程中遇到困境。在研究框架上主要从嵌入主体、嵌入对象、嵌入过程及嵌入效应层面展开讨论，并提出解决对策和办法。当然，目前我们面临的一些困境在当前的条件下或许无法很快解决，毕竟嵌入机制就是一个双方角力的动态过程，嵌入主体的力量决定了嵌入程度和效果。按照王思斌老师的说法，目前我国的专业社会工作嵌入还是弱自主性嵌入阶段，距专业合作下深度嵌入发展还有一定距离。笔者在儿童福利院指导实习的一年多的时间里，深切体会到了专业社会工作开展的困难和瓶颈，很多时候我们觉得做的事情缺乏专业性，觉得对于儿童而言没有做出什么实质性的改变。我国在专业社工介入儿童福利院领域的尝试不多，每个地区情况有所差异，并没有模板可以复制和参考，经过专业实习团队一点点的尝试，一点点的突破，才会有今天在具体介入方向上的一些思考，但在开展专业社会工作实务中，还有太多的东西需要反思及总结。

一、开展专业社会工作实务中社工角色定位的反思

社会工作者的角色定位，主要是指社会工作者根据专业的要求和规范，对自身专业角色的认知。在儿童福利院开展专业活动的过程中，笔者发现社工学生不能清晰地定位自身的专业角色，对社工自我角色定位处于模糊状态，加上社会工作是一个新兴的职业，这份职业还没有被社会各界认可，社工在专业实践的过程中容易被动接受一些工作，或是不能认知自己所开展工作背后的角色和身份，社工学生如不能准确辨别并认识社工身份角色多元化的特点，就很难在服务过程中明确自我专业身份，最终阻碍工作顺利开展。

社会工作专业的服务理念是以案主的需求为核心，主动探索儿童的需求，积极做出介入和改变。而儿童福利院的本土社会工作服务更多的是行政命令和安排，这和专业社会工作服务有着本质区别。因此，社工的介入需要具有自主性和积极性。当然，我们也不能在儿童福利院中告诉福利院应该做什么，毕竟院方的服务体系有着自身的行动目的和需要，我们只能在参与的过程中去影响他人，通过宣传社会工作服务原则，如尊重、接纳、个别化、案主自决、保密等，逐渐让福利院转变服务思维，以儿童利益最大化为原则地去服务。

二、研究限制

目前的文献资料主要讨论的是福利院供养弊端以及专业社会工作介入儿童福利院空间和可行性，或是集中讨论个案、小组工作经验在儿童福利院的研究，关于专业社会工作发展困境的研究不多，关于研究专业社会工作在嵌入以政府为主导的本土社会服务领域的官办儿童福利院中的困境的文章更是少之又少。因此，本研究具有一定的创新性，然而，由于笔者受到时间、能力和财力的限制，在研究过程中也存在以下几点限制：其一，理论研究不足；其二，从选题角度上讲，笔者主要是以

专业社工指导老师身份与服务领域合作为研究背景展开，遇到的一些困境具有一定的区域性和差异性，研究出的一些结论并不一定符合所有其他专业社工介入儿童福利院困境的状况，因此在选题立足点上存在一些不足；其三，从研究资料收集上讲，出现儿童信息或者福利院资料难以获取的困难。

参考文献

[1] 网易新闻报道. 中国孤残儿童和福利机构现状 [EB/OL]. http://baby.163.com/special/baobaoxd01/.

[2] 贾维周. 福利院儿童安全需要的社会建构研究 [J]. 中国青年政治学院学报，2007（9）.

[3] 胡奇. 完善中国孤残儿童福利制度的国际比较研究 [J]. 社会福利，2012（9）.

[4] 马利峰，胡悦，罗思荣. 孤残儿童家庭寄养模式暨"杭州模式"的建构 [J]. 山西高等学校社会科学学报，2009（7）.

[5] 王俊丽. 家庭寄养儿童案例分析与反思 [J]. 社会工作下半月（理论），2009（12）.

[6] 朱孔芳. 专业社会工作介入孤残儿童家庭寄养探析——以上海市儿童福利院为例 [J]. 华东理工大学学报（社会科学版），2006.

[7] 谷传华，王美萍. 儿童依恋理论述评 [J]. 山东师大学报（社会科学版），2000（3）.

[8] 侯静. 依恋理论与社会网络理论的进展 [J]. 心理发展与教育，2008（1）.

[9] 彭聃龄. 普通心理学 [M]. 北京师范大学出版社，2004（3）.

[10] [匈] 卡尔·波兰尼. 巨变 [M]. 社会科学文献出版社，2013（1）

[11] 王思斌. 中国社会工作的嵌入性发展 [J]. 社会科学战线，2011（2）.

[12] 边燕杰，雷鸣. 高校与社会服务部门合作共建"实务导向"型社会工作教育 [J]，陕西省社会学会学术年会——"关一天经济社会区社会建设与社会工作"论坛文集，2010（6）.

[13] 史柏年，侯欣. 社会工作实习 [M]. 社会科学文献出版社，2003（12）.

[14] 朱眉华. 在理想和现实间的徘徊——社会工作专业实习教育的反思 [J]. 华东理工大学学报（社科版），2000（1）.

第五章　化茧成蝶：流动儿童自我效能感提升策略

为提升流动儿童自我效能感，增进个体抗逆力，促进其身心健康成长，本章以 L 市某民工小学的 160 名学生（其中有 127 名流动儿童）为研究对象，使用社会支持问卷和一般自我效能感量表（GSES）研究流动儿童的社会支持状况及其对自我效能感的影响。通过社会工作介入，在优势视角下，开展自我效能感提升小组服务，从自我支持、家庭支持、朋辈支持和学校支持方面为其构建良性社会支持，通过个案访谈和量表前后测等方法，测量服务成效。研究结果发现：相对于本地儿童而言，流动儿童的自我效能感较低；流动儿童的自我效能感与其社会支持有关，包括正式支持与非正式支持，社会支持越完善，其自我效能感越高；社会工作介入，尤其是个案和小组工作介入，对提升流动儿童的自我效能感具有显著性效果；优势视角比问题视角更易于提升流动儿童的自我效能感。

第一节　绪　论

一、问题缘起

在 L 市某社会工作服务中心下设的一个服务点的实习过程中，笔者通过与社工、教师和学生的接触、交流与观察，了解到某农民工子弟小学的学习和生活环境较差，活动空间较小。部分学生存在着厌学、上网行为偏差、心理和情绪困扰等问题。据社工和教师透露，该校缺乏相应资格的心理咨询人员，在学生的心理、情绪和行为等方面缺乏正确的引导。因而，在日常行为中，流动儿童表现出较低的自我效能感，致使他们在心理认同、人际交往、社会适应等方面的行为方式出现偏离，严重影响到他们的正常学习和生活，不利于其健康成长。

鉴于此，笔者针对流动儿童的自我效能感进行研究，结合社会工作方法和理论，期望对流动儿童自我效能感的提升进行社会工作的介入，为解决流动儿童的这些问题提供相应对策。于是，笔者通过回顾相关文献，了解了这方面的研究现状，从而找出本研究的研究视角和创新点，继而得出本研究课题。

二、研究背景

随着改革开放的不断深入，我国城镇化进程的加快，社会转型加剧，在20世纪80年代，有大量的农村剩余劳动力涌入城市，大量流动儿童随其父母迁入城市。据第六次人口普查数据显示，2011年我国流动人口已达到2.61亿，同第五次全国人口普查相比，增长81.03%。其中有2.3亿为进城务工的流动人口，而他们的随迁子女大约有2 000万。[1] 由于我国城乡二元社会体制和户籍制度的长期存在，这些流动儿童在学习、生活等方面无法享受到正常的城市公共服务。流动儿童作为弱势的边缘群体，其权益往往容易被忽视，甚至会遭致不公正的对待与社会的排斥，继而诱发认知扭曲、自我封闭、自卑心理、情感失落、心理失衡等问题，对其身心健康及行为、人际和学习技能的发展造成严重影响。面对复杂多变的家庭环境、学习环境和社会环境，流动儿童在家庭、学校、同辈群体等方面所获得的物质和情感支持比较缺乏，同时缺乏正确的心理和行为引导，容易出现消极心理和认知偏差，形成较低的自我效能感，从而导致他们在心理认同、人际交往、社会适应等方面出现多重困境，不利于他们的健康成长。流动儿童问题已成为社会各界乃至政府普遍关注的重要问题，而如何有效地保护流动儿童的合法权益及促进他们的健康成长，已成为社会各界研究的重要课题。

所谓流动儿童，在国内尚未有明确的定义。在1998年原国家教委发布的《流动儿童少年就学暂行办法》中，流动儿童是指6—14岁（或7—15岁）随父母或其他监护人在流入地暂时居住半年以上的儿童。[2] 综上所述，本章将流动儿童界定为年龄

---

[1] 数据来源于中华人民共和国国家统计局第六次人口普查数据。
[2] 千伟溢，陈璇. 流动少年儿童的社会支持研究述评[J]. 中国青年研究，2012（5）.

在 6—15 岁，跟随父母或其他监护人在流入地生活半年以上，而户籍不在流入地的儿童。

三、研究目的及意义

（一）研究目的

本章的研究目的有四：其一，通过发放一般自我效能感量表，了解该校流动儿童的自我效能感现状；其二，探讨流动儿童的社会支持状况及其对自我效能感的影响；其三，组建一个同质性小组，通过开展一个流动儿童自我效能感提升小组，发掘小组成员的优势和潜能，以提升小组成员的自我效能感和抗逆力；其四，构建社会支持网络，改善亲子和朋辈关系，恢复正常的社会功能，保护其合法权益，实现有效的城市融入，促进其身心健康成长。

（二）研究意义

从理论意义上说，本章通过对 L 市某民工小学流动儿童的自我效能感进行调查研究，基于优势视角和社会支持理论，分析 L 市研究对象的自我效能感状况，结合个案工作、小组工作方法和专业理念，探讨流动儿童自我效能感的提升策略，通过为其提供良性社会支持，提高其自我效能感，从而提高其抗逆力水平。这在创新困境人群治理、构建流动儿童社会支持、营造良好的成长环境、预防和减少流动儿童失范行为的发生，以及在完善社会工作理论、创新社会工作专业方法等方面具有重要的理论意义。从现实意义上说，社会工作的产生和发展，适应时代发展的要求，是解决社会问题，促进社会进步的必然。在 2015 年全国两会上，李克强总理在政府工作报告中再次提到"发展专业社会工作"，表明社会工作将在创新社会治理方面发挥重要作用。因而，本章运用社会工作方法和理论，探析流动儿童的自我效能感，针对其存在的问题，提出从家庭、朋辈和学校等方面构建流动儿童的良性社会支持，这在提升流动儿童心理适应、人际适应和社会适应等方面具有积极的现实意义，有利于解决流动儿童的成长困境，构建社会主义和谐社会。

第二节　文献综述、方法与思路

一、文献综述

部分学者已对流动儿童的自我效能感进行过相关研究，以中国知网数据库CNKI收录的论文为来源，检索相关文献，依据现有文献材料，笔者将国内外学术界对流动儿童自我效能感研究的相关文献进行阐述，并针对其研究的不足，提出创新之处，为本章研究提供研究视角和方向。

（一）国外研究概述

国外学者主要从儿童个体自信、他人评价、气质、差异性教养方式和人际情境、社会环境等方面对自我效能感进行相关研究。埃里克森从个体自信方面出发，认为在人格发展的八阶段中，自信心在儿童2—3岁时出现，自卑则在6岁到青春期时出现，在儿童阶段若发展顺利，则其自我效能感能得到提升，反之，则会产生自卑情结，遇事产生退缩行为。[1] 布列塔尼等从他人评价进行研究，认为他人评价对自我效能感有重要影响。[2] 弗斯等从气质和教养方式方面对自闭症儿童和兄妹气质、差异性教养方式之间的联系进行研究，研究发现差异性教养方式的好坏取决于自闭症儿童与其兄妹气质坚持性的高低。[3] 安东尼等研究表明，在儿童盼望进入一个无法预期的世界时，母子关系成为了儿童道德力量和自我效能感的源泉。霍尼认为不良的人际情境，如漠视、暴力、溺爱等，均是人产生自卑的重要因素，而良好的人际境遇，如包容、信任、合理教养等，则有利于自我效能感的发展。[4] 马林诺斯基则认为社会文化因素对自我效能感的形成起着重要作用。在城市化背景下，不同的社会形态、社会风气等都会对儿童自我效能感的发展有不同影响，尤其是流动儿童，倘若处于不良的社

---

[1]　［英］E.H.Erikson. 人格心理学[M]. 暨南大学出版社，2013：92-93.

[2]　Brittany Gentile, Shelly Grabe, Brenda Dolan-Pascoe, etal.ender Differences in Domain-Specific Self-Esteem:A Meta-Analysis.Review of General Psychology[J]. 2009 (1): 34-45.

[3]　李柞山. 转型期初中生心理健康与父母养育方式的研究[J]. 心理科学，2001：24（4）.

[4]　王宏彬. 农民工家庭教养方式对子女自信心影响的研究[D]. 内蒙古师范大学，2014.

会亚文化环境中，必然会阻碍其自我效能感的提升。

（二）国内研究概述

国内学者主要从流动儿童的心理因素、自我效能感培养、社会支持等方面研究自我效能感，以及如何提升他们的自我效能感。在心理因素方面，郑久波等人以心理资本、自尊和个体歧视，分析出流动儿童的自我效能感提升和心理因素的关系，探讨出流动儿童的心理弹性与自尊等表现出明显差异。[1] 胡芳芳、桑青松等人的研究表明，流动儿童自我效能感与自尊和成就动机等心理因素有关，其一般自我效能感与社交焦虑呈显著负相关。[2] 在自我效能感的培养方面，提出了从外部强化、树立榜样与合理归因等的方式来培养流动儿童的自我效能感。何玲等人的研究认为自我效能感在流动儿童抗逆力影响因素中起着显著的中介效应，自尊和社会支持都通过自我效能感对抗逆力产生影响，建议通过提高自尊、社会支持和自我效能感来增强流动儿童的抗逆力。[3] 而林铮铮等人则主要从流动儿童的心理资本、社会身份认同等方面来研究如何提升他们的自我效能感。他们认为，学校需要培养学生乐观向上的品质，引导学生做出积极的归因方式，注重心理健康教育，切实提高流动儿童心理资本水平。[4] 在社会支持方面，王宏彬分析了农民工子女自信心相对较差的成因，从家庭、学校和社会三方面提出对策，[5] 期望从这三方面给予农民工子女支持，以提高其自我效能感。

（三）研究述评与创新

综上所述，国外学者多以人格气质等因素对自我效能感进行研究，其理论性较强，但在实务工作上稍显不足。而国内学者则多从心理因素出发对自我效能感进行研究，视角过于微观。在解决对策上，大多数学者提出了相关的政策建议，期望能够从宏观

---

[1] 郑久波. 初中流动儿童心理弹性与自尊、个体歧视知觉的关系研究 [D]. 福建师范大学, 2012.

[2] 胡芳芳, 桑青松. 流动儿童一般自我效能感、应对方式与社交焦虑特点及关系研究 [J]. 安徽理工大学学报（社会科学版）, 2010（3）: 77-80.

[3] 何玲. 流动儿童的抗逆力与自尊、社会支持、自我效能感的关系研究 [J]. 首都师范大学学报（社会科学版）, 2015（3）: 120-127.

[4] 林铮铮. 流动儿童心理资本、社会身份认同与学校适应性的关系研究 [D]. 福建师范大学, 2014.

[5] 王宏彬. 农民工家庭教养方式对子女自信心影响的研究 [D]. 内蒙古师范大学, 2014.

层面上做出制度性的调整，以改善该群体的生活条件。但无论是国外还是国内，这些都只是以非社会工作方式进行研究，理论性较强，在提升流动儿童的自我效能感上可操作性差，难以执行。并且从社会支持方面构建流动儿童的自我效能感的论文期刊寥寥无几，很少涉及社会工作介入。在研究对象上，没有针对性地进行自我效能感的提升培养等。另外，在介入方式上，传统的介入只流于教育和建议形式，实务性较差。虽有吴恒仲、李萍对自我效能感与社会支持的关系做了相关研究[1]，然而此类研究较少。这就需要以新的并且注重实务的介入手段来提升流动儿童的自我效能感。

本章研究运用社会工作方法，以优势视角和社会支持理论为指导，研究流动儿童的自我效能感问题，在理论结合方面具有一定的创新性；在社会工作介入过程中，以小组工作为主，从微观层面进行操作，通过自我效能感提升小组的介入，达到预期成效。最后，本章强调从流动儿童的社会支持方面，通过社会工作介入，构建流动儿童良性的社会支持，以达到提升流动儿童自我效能感和抗逆力水平。这在理念、方法和技巧上都是区别于传统的家庭、社区和学校的介入方式，因而具有一定的创新性。

二、研究方法

1. 问卷调查法

为更好地了解调查对象，获得更多真实有效的信息，了解流动儿童的自我效能感现状及其存在问题，以及自我效能感与流动儿童自身拥有的社会支持的关系，通过分发一般自我效能感量表[2]和自编的社会支持问卷，搜集研究对象的资料。

2. 个案分析法

为深入了解对象情况，本章研究在进行量表测量的同时，运用社会工作的沟通技巧（尊重、同感、积极关注等），对部分流动儿童学生开展个案访谈，经整理形成案例进行分析。

---

[1] 吴恒仲，李萍. 流动儿童融入性心理问题及社会支持研究[J]. 教育探索，2014（10）：127-129.

[2] 本研究选用张建新与Schwarzer等人编制的《一般自我效能感量表》，共10个条目，量表为4级评分，"完全不正确"为1分、"多数不正确"为2分、"多数正确"为3分、"完全正确"为4分。得分越高表示自我效能感越高。

3. 文献研究法

查阅近年来政府及相关部门关于流动儿童的相关文献，同时参考国内外学者关于流动儿童及其自我效能感的研究成果，为研究提供研究视野和研究思路。

三、研究思路

本研究以自编的社会支持问卷和 GSES 量表调查为主，辅以个案访谈的方法，搜集流动儿童的社会支持和自我效能感的材料，运用 SPSS21.0 进行统计分析，通过调查和分析流动儿童的社会支持状况（包括自我支持、家庭支持、朋辈支持和学校支持）和影响因子（包括自我认知和归因方式，父母职业、文化程度和亲子关系，人际关系和求助意愿，心理咨询和学习环境等），以及社会支持对自我效能感的影响，分析因较低的自我效能感而产生的成长困境问题（包括心理认同、人际交往和社会适应等困境）。最后提出社会工作介入策略（如图 5-1）在社会支持和优势视角理论的指导下，针对流动儿童社会支持状况的影响因子，运用小组和个案方法，通过开展个案访谈和自我效能感提升小组，转变影响因子，从自身支持、家庭支持、朋辈支持和学校支持等方面为其构建良性社会支持，发掘小组成员的优势和潜能，改善亲子和朋辈关系，恢复正常的社会功能，以提升小组成员的自我效能感和抗逆力，促进其身心健康成长。

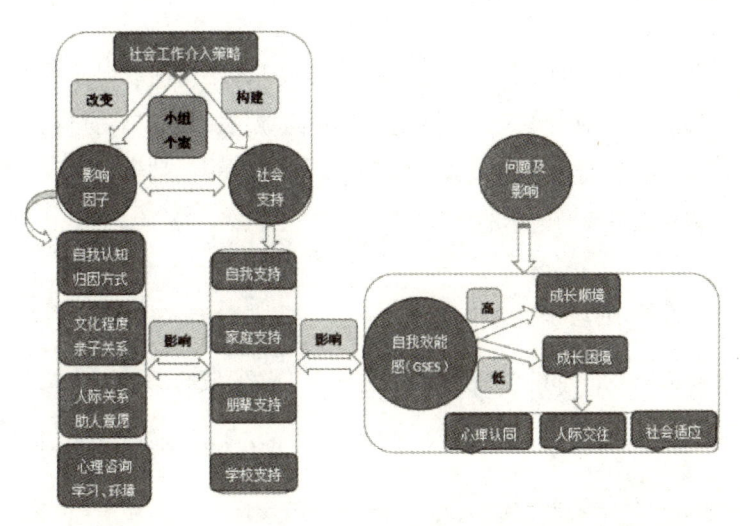

图 5-1 社会工作介入策略以及社会支持与自我效能感关系流程图

第三节 相关理论基础

一、自我效能理论

自我效能感（self-efficacy）是美国心理学家班杜拉（Bandura）提出的概念，他认为，一般自我效能感是个体关于自己是否有能力完成某些特定水平的表现，并且这些事件能够影响其生活信念。[1] 其定义众多，学术界目前尚无统一界定。考究众多定义，本研究将其界定为个体相信自己能成功做出某种行为的主观体验。自我效能感影响个体行为取向和心理，其理论框架如下：

（1）自我效能感的功能。自我效能感影响或决定人们的行为选择、思维模式和情感反应模式，进而影响新行为的习得。

（2）自我效能感改变因素：①成败经验。一般，成功经验能提高个人的自我效能，多次失败会降低自我效能，而这也受个体归因方式的影响。②替代性经验（Vicarious expedience）[2]。人们通过观察他人行为获得的间接经验会对自我效能产生重要影响。③情绪反应和生理状态。个体在面临某种情境的身心反应、激动情绪会妨碍行为而降低自我效能感。④情境条件。当个体进入陌生而又易引起焦虑的情境中时，其自我效能感会降低。

因此，在温暖包容的小组情境中，以合理有趣的小组活动促使成员体验更多的成功经验，形成积极的情绪反应，从而促进小组成员进行正确的自我认知，提升其自信心，使其正视自身所处困境带来的不适，学会合理的情绪调节以及高效的任务完成策略，达到其自我效能感的提升。

二、优势视角理论

"优势视角"（Strength Perspective）是社会工作领域的一个基本范畴、基本原理，

---

[1] Bandura. A, Self-efficacy: Toward a unifying theory of behavioral change.Psychological review, 1986, 84: 191-215.

[2] 刘敏岚. 以自信心为主题的发展性班级心理辅导实验研究 [J]. 中国学校卫生, 2010（2）: 225-226.

是一种关注人内在潜能和优势资源的视角。因而在服务过程中，社会工作者需紧紧围绕服务对象自身的资源和优势，利用和开发人的优势和潜能，协助其从挫折和不幸的逆境中挣脱出来，最终达到其目标，实现其理想。较低自我效能感的流动儿童在面临新情境时，不能很好地与人沟通交流，以至于产生一些不良行为，他们也不能很好地适应社会，他们与社会变得疏远，无助于他们融入新环境。有研究表明，流动儿童的问题被突出和放大，一方面他们受到了重视，另一方面却也被"标签"为"问题儿童"。[1]优势视角反对从问题视角分析问题、解决问题，该理论认为每个人都具有克服困难、改善自身现状的潜能，优势视角下的社会工作介入，有助于增强流动儿童的自我效能感以及对新环境的适应能力。

三、社会支持理论

依据社会支持理论的观点，个体所拥有的社会支持网络越强大，就能越好地应对各种挑战。以社会支持理论为取向的社会工作，强调通过干预个人的社会网络来改变其在个人生活中的作用。因而，在促进流动儿童的自我效能感方面，通过构建社会支持网络来协助流动儿童获取良性社会支持或社会资源。社会支持网络强调以人在情境中为基础，提供立即性协助，致力于弥补正式服务资源的不足，提供网络中个人的助人机会和相关训练，包括正式支持网络和非正式支持网络。本章通过分析流动儿童自我效能感与其拥有的社会支持的关系，为其构建良性社会支持，提升流动儿童的自我效能感，以解决其成长困境。

第四节　L市某民工小学流动儿童自我效能感调查状况

本次调查采用问卷调查与个案访谈相结合的方式，主要以L市某民工小学为研究对象，从四、五、六年级中随机各抽取一个班级发放问卷，总共发放问卷160份，收回问卷160份，经人工剔除无效问卷后，其中有效问卷为153份，有效回收率为95.6%。有效回收率高，样本代表性强。经SPSS统计分析，得出研究对象的基本状况。

---

[1] 王晴. 优势视角下的流动儿童城市适应情况及社会工作介入研究 [D]. 中央民族大学，2013.

一、调查对象概况

L市作为工业城市，吸引了大量外来务工人员，其子女尤其是流动儿童，存在诸多问题。本章通过对L市某民工小学流动儿童开展调查，了解调查对象的基本概况、家庭背景、生活现状和学习环境四大方面。基本概况（如表5-1）主要包括性别构成、籍贯分布、年级分布、是否独生以及家庭结构等几个方面；家庭背景、生活现状与学习环境（如表5-2）主要包括父母文化程度、职业经济状况、居住条件、基础设施、教学硬件、教学软件。

表5-1 基本概况

性别结构	男（47.1%）		女（52.9%）	
籍贯分布	本地儿童（17.0%）		流动儿童（83.0%）	
年级分布	四年级（31.4%）	五年级（32.0%）	六年级（36.6%)	
是否独生	独生（5.9%）		非独生（94.1%）	
家庭结构	核心家庭（64.0%）	主干家庭（16.9%）	联合家庭（10.3%）	重组家庭（5.1%）	单亲家庭（3.7%）

在性别构成上，男女比例分别为47.1%、52.9%，比例较均衡，样本代表性较好；在籍贯分布上，本地儿童占17%，流动儿童占83%；在年级分布上，四、五、六年级比例较为均衡；在是否为独生子女上，独生子女占比5.9%，非独生子女占比94.1%，以非独生子女为主；在家庭结构方面，主要以核心家庭为主（64.0%），其他家庭结构类型，如主干家庭、联合家庭、重组家庭和单亲家庭较少。

家庭背景方面，流动儿童的父母文化水平普遍处在小学水平（54.7%），其次是初中水平（23.5%），他们辅导子女学习较为困难。他们职业地位较低，经济状况较差。生活现状方面，由于自身的流动性，流动儿童的居住区域主要位于城市人口流动性大的地方，居住和卫生条件较差，加上远离城市文化中心，难以接受到城市主流文化的熏陶。学习环境方面，该校基础设施、卫生环境、活动空间等方面相对较差，此外，师生互动较少，缺乏学习资源，学生学业辅导需求强烈。

表 5-2　家庭背景、生活现状、学习环境情况表

家境背景	父母文化程度	父母文化水平普遍处在小学水平。
	职业经济状况	普遍为工人和农民，职业地位较低，经济收入较少。
生活现状	居住条件	位于城市边缘，或人口流动性大之地，居住和卫生条件较差，远离城市文化中心，难以接受到城市主流文化的熏陶。
	基础设施	居住地基础设施不完备，缺乏休闲公共空间。
学习环境	教学硬件	教学设备等资源缺乏，学习环境不尽人意。
	教学软件	师生互动较少，学校文化活动较少，缺乏学业辅导。

综上所述，流动儿童在家庭支持、朋辈支持和学校支持等方面的状况比较差，缺乏物质和情感支持。另外，通过对流动儿童自我效能感的测量，发现流动儿童表现出较低的自我效能（GSES 平均分为 17.4）[1]，导致他们在心理认同、人际交往和社会适应等方面出现困境，从而产生一系列问题和影响。

二、问题及其影响

（一）心理认同困境

认知心理学家皮亚杰认为"社会化就是一个结构化的过程，个体对社会化所做的贡献，正如他从社会化所得到的同样多。从那便产生了运算与协同运算的相互依赖与同型性"[2]。由此可见，在儿童时期，同辈群体的接纳与认同是他们实现心理认同与形成自我同一性的关键，如此，个体才能形成稳定的自尊与较高的自我效能感。[3] 但是对于那些随父母从农村迁移到城市生活的流动儿童来说，他们虽然身居城市，但由于各种原因，他们与城市孩子存在生活的差距和不平等，使其处于城市边缘。多数孩子感到被歧视，内心压抑，不愿与人交往，他们很难达到心理认同，存在自

---

[1] 一般自我效能感（GSES）平均分数在 10 以下为自我效能感低，10—20 分自我效能感为较低，20—30 分自我效能感为较高，30 分以上自我效能感为高。
[2] [美] 皮亚杰. 儿童心理学 [M]. 吴福元，译. 商务印书馆，1980.
[3] 尹书强，马润生. 城市流动儿童的社会认同困境及对策研究 [J]. 青少年研究，2008（1）：16-18.

我同一性偏差，导致其在日常行为中，表现出做事胆怯、学习缺乏自信、心理自卑、情绪困扰等。相关研究表明，流动儿童对自己目前学习和生活的地方很难产生归属感，[1]致使他们在心理认同、人际交往、社会适应等方面的行为方式出现偏离，严重影响到他们的正常学习和生活，不利于其健康成长。有关学者认为，增加流动儿童学业支持的资源，能够提升流动儿童在学习上的自我效能感，促进其良好的学业表现。[2]因而，笔者认为，应为流动儿童提供必要的社会支持，从而满足他们在物质和情感上的需要，以解决此类问题。

（二）人际交往困境

由于在心理认同上出现偏差，可能导致他们的认知和归因存在错误，不利于其人际交往。分析发现，流动儿童的同学关系大部分（83.6%）是处于"较好"及以上的程度，但仍有少部分（2.6%）存在人际交往困境。在求助意愿因素中，大部分儿童（83%）选择向同学或朋友求助，少部分儿童（17%）选择不会求助。为进一步分析同学关系与求助意愿是否存在关联性，将二者进行交叉表分析（表5-3），结果发现，同学关系越好，愿意求助者越多。存在人际交往困境的流动儿童在遇到问题后，大部分"不会主动向其同学或朋友求助"。主要是由于这部分流动儿童自我效能感偏低，他们普遍存在自卑、戒备心理，不愿与人交往，因而，他们介意其他同学了解其家庭情况（60.1%）。

表5-3 求助意愿、同学关系交叉制表

求助意愿	同学关系					
	非常好	较好	一般	较差	非常差	合计
会	63.0%	23.6%	11.0%	0.8%	1.6%	100.0%
不会	38.5%	30.8%	26.9%	3.8%	0.0%	100.0%
合计	58.8%	24.8%	13.7%	1.3%	1.3%	100.0%

---

[1] 王志学. 流动儿童城市适应性的社会工作干预策略研究[D]. 吉林大学，2014.

[2] 朱晓伟，尹春明. 流动儿童学业支持与学业表现的关系——学习自我效能感的中介作用[J]. 太原城市职业技术学院学报，2013（12）：116-118.

（三）社会适应困境

在日常行为中，流动儿童表现出较低的自我效能感，致使他们的社会适应能力不足，难以适应不断变化的社会环境，尤其是在文化适应中，由于远离城市文化中心，他们难以接受到城市主流文化的熏陶，融入困难。同时，由于各种限制，他们所接受的社会教育和道德教育有限，缺乏道德和社会良俗约束。再者，大部分流动儿童在空闲时间里（表5-4），很少有机会参加各类兴趣班，他们每天放学之后只能写作业或者做家务（53.4%），只有少部分流动儿童参加过兴趣班的学习（1.6%），课余文化需求得不到满足。与本地城市儿童相比，流动儿童所生活的社区很少有公共休闲空间，基础设施不完备，文化设施缺乏。在正常路径下，他们缺乏社会给予的必要支持。

表 5-4 空闲时间做得最多的事

写作业	课外阅读	做家务	和同学朋友玩	看电视电影	上网、打游戏	兴趣班、辅导班	其他
29.6%	16.3%	23.8%	8.8%	9.8%	6.8%	1.6%	3.3%

马林诺夫斯基的社会文化决定论认为，社会文化影响一个人的心理和行为方式。因而，缺乏社会文化熏陶的流动儿童，可能会存在心理自卑和行为问题。在文化需求上得不到满足，他们可能会转向其他非法途径获取，于是便会产生社会越轨行为而导致社会失范，[1]如当今社会上存在的不良青少年违法犯罪问题。

三、深层原因分析

以上结果显示，流动儿童产生心理认同、人际交往和社会适应困境，是自我效能感偏低引起的。那么究竟是什么导致其自我效能感偏低呢？究其原因，是由于社会支持状况较弱而导致自我效能感较低。因而，在社会支持理论的指导下，通过研

---

[1] 默顿（Robert King Merton, 1910-2003）的社会失范理论认为，由于社会结构不合理的限制，社会底层的人缺乏通向成功的途径，该群体即使再努力也无法实现社会所一致公认的成功目标。为此，当人们无法通过合法手段实现合法权益时，采取非法手段就无可避免，于是违法犯罪就出现了。

究流动儿童自我效能感与其拥有的社会支持的关系，分析问题的原因，本章主要从正式支持与非正式支持进行探析（见表5-5）。

表 5-5　社会支持影响因子分析

社会支持							
正式支持			非正式支持			
政策	制度	财政	自我支持	家庭支持	朋辈支持	学校支持
政策关怀	户籍制度	财政投入	自我认知 归因方式 成功体验	职业、期望 父母文化 亲子关系	人际关系 求助意愿 理解他人	心理咨询 学习环境 学业辅导
物质支持			情感支持			

正式支持主要从国家政策、制度和财政投入状况来进行分析，随着流动儿童问题的日益突出，其问题逐步成为社会各界和政府普遍关注的焦点问题。近年来，国家开始把注意力转向流动儿童及其家庭，在政策上给予了一定的支持，户籍制度方面也开始有所放开，财政投入也有所增加。尽管如此，流动儿童问题还是日益扩大，各种社会问题不断发生。在正式支持方面，主要是由于国家和政府财政投入的不足，体制机制不够完善，缺乏政策和人文关怀；在人才建设方面，具有专业性的社工人才队伍逐步壮大，但缺乏制度保证，不能满足大众需求；针对流动儿童的社会保护体系尚不健全，从而导致流动儿童的生存状况堪忧。因而通过从政府层面进行政策的完善，逐步放开制度、政策等对流动儿童的限制，以完善的政策来改善流动儿童的生存状况。其次通过国家财政支持增加流动儿童家庭收入，从而促进他们的物质支持效果。此外，提供情感支持也是必要的，如加大社会关怀，引导社会力量关注流动儿童问题，以此促进流动儿童家庭的物质和情感支持。

本章主要从自我支持、家庭支持、朋辈支持和学校支持的状况来进行分析，以此了解流动儿童的非正式支持状况。通过综合分析发现，流动儿童的非正式支持状况堪忧，造成其自我效能感偏低。

（一）自我支持

自我支持从自我认知、归因方式和成功体验因子体现，通过对相关个案的访谈发现，部分流动儿童性格比较内向，存在自我认知偏差（见个案 C、个案 D），比如认为自己不如别人，不敢与他人交流等。在归因方式因子中发现，大部分流动儿童的归因方式错误，尤其是当自我效能感低的学生做错事或者做事失败时，大部分都没有从主客观方面找原因，而只是片面地认为是主观或客观的原因，久而久之，他们的自卑心理更加严重。在成功体验因子中，流动儿童由于各方面所限，对自己的兴趣爱好缺乏体验，在做得比较好的事情上，缺乏大人的正确引导和赞赏，感受不到成功的快乐，自我存在感较低，因而，在日常行为中表现出较低的自我效能感，从而导致各种不良的行为和心理困境，影响学习和生活。

个案 C：MXL，女，壮族，四年级，非独生，性格内向。她曾经窃取过同学的东西，后来被发现，同学们对她指指点点，说她偷东西。针对这种行为，她对工作者说："我只是拿来玩玩而已。"由于同学的指指点点，她不愿意与同学搭话，也很少有同学与她搭话。她认为："同学们都不喜欢我，我也不喜欢他们。"

个案 D：ZDD，男，壮族，五年级，独生子，父亲在外地打工，现与母亲生活在一起，性格较内向。他认为咨询室只解决心理问题，他说："有心理问题的同学才会去，我又没有心理问题。"

（二）家庭支持

家庭支持主要从父母职业地位、文化程度、亲子关系等因子进行分析。从调查资料分析得出，在职业地位因子中，流动儿童父母大部分为工人、个体和农民，存在职业地位较低和经济收入较少的状况，因而在一定程度上缺乏对子女的物质支持。在文化程度因子中，流动儿童父母的总体文化水平普遍偏低，再加上户籍制度等客观条件，导致他们流向工作环境差和工资待遇低的行业。分析发现，由于生活压力，大部分父母为工作疲于奔走，顾不上家庭和子女，对子女的关心不够（见个案 E），忽略了孩子面对陌生城市环境出现的心理以及文化上的不适应。子女在缺乏家庭物质支持的同时，也缺乏来自父母的情感支持。

个案 E：笔者与四个六年级学生就亲子关系展开的访谈内容。
问：你们是本地人吗？

A 答：我们几个都是从外地搬过来的。

问：哦，那你们的爸妈关心你们吗？

A 答：不关心，好多次我叫他们帮我在试卷上签字，他们不肯，老说工作太累，没时间，连家长会都很少去参加。

B 答：我爸因工作应酬，经常早出晚归。我 13 岁就要做各种家务活了，与爸妈交流少，尤其是我爸爸，很多时候，我都不敢跟他说话。

C 答：我爸妈更加厉害，回家后，他们经常找不到东西就开骂。

问：你们希望自己的爸妈是怎样的才好？

A 答：要是他们能经常检查我的作业，关心我的学习就好了。

B 答：如果我爸少喝酒，爸妈不吵架，我们的关系得以改善就好了。

C 答：我真的很希望他们能对我好点，不要老是骂人。

另外，长期以来父母对子女的监护不到位，教育方式不当（见表5-6），如辱骂、暴力解决和不理会占 20.3%，再加上较高的要求和期望（69.9%），严重影响流动儿童的身心健康，导致其对家庭产生信任危机，安全感下降。社会学习理论认为，家庭是儿童社会化的第一场所，他们通过观察学习，较易从父母那里习得不良的行为方式，导致认知偏差和越轨行为的产生。缺乏家庭支持所提供的关爱，幼小的心灵感受不到家庭的温暖。因而，他们在日常行为中表现出较低的自我效能感，从而导致他们产生各种不良的行为和心理困境，影响学习和生活。

表 5-6 家庭教育方式

家庭教育方式	频率	有效百分比（%）
和您一起纠正	29	19.0%
说道理	93	60.8%
辱骂	24	15.7%
暴力解决	4	2.6%
不理会	3	2.0%
合计	153	100%

为此，有关学者主张亲权和监护相结合，以更好地保护未成年子女的权益。[1] 因而，加强家庭对流动儿童的监护和教养，强化家庭支持功能，提供良好的情感支持，对于促进流动儿童的健康成长和提升自我效能感具有积极作用。

（三）朋辈支持

朋辈支持主要是通过人际关系、求助意愿和理解他人等因子来进行解析的。谈到流动儿童，尽管大部分的人际关系较好，但仍有一部分存在人际关系困境，当遇到问题后，这部分儿童很少或不愿意主动向同学或朋友求助，而且他们存在自卑、戒备心理，不愿与人交往。这些现象表明，他们自身对朋辈资源的主动利用意识缺乏，获取社会支持的主观意识或能力不足。进一步分析发现，在性别、年级和是否为独生子女上，流动儿童的人际关系和求助意愿无显著差异（P＞0.05）；而在年级、是否独生变量上，流动儿童的理解他人存在显著差异（P＜0.05）（见表5-7），表明年级和是否独生变量会影响流动儿童的理解能力。此外，由于认知错误或存在"标签化"意识，部分流动儿童存在乱给他人贴标签，如起外号等，而被标签化的个人难免会存在不满心理。在理解他人因子中，主要是了解流动儿童如何理解他人对自己及其家庭的看法。从调查和访谈中发现，由于认知偏差，他们相当介意他人了解其家庭情况。综合这三个因子分析，得出流动儿童不仅缺少同辈群体的支持，而且他们主动获取资源支持的能力有限。

表 5-7　朋辈支持因子 P 值分析

变量	人际关系	求助意愿	理解他人
性别	0.280*	0.447*	0.258*
年级	0.051*	0.196*	0.014**
是否独生	0.440*	0.162*	0.037**

注：P为Pearson卡方值。*表示P＞0.05，无统计学意义；**表示P＜0.05，具有显著差异性。

---

[1] 蒋月，韩珺. 论父母保护教养未成年子女的权利义务——兼论亲权与监护之争 [J]. 东南学术，2001（2）.

（四）学校支持

学校支持通过教学环境、心理咨询、学业辅导三个因子的状况来进行分析。调查数据显示，在教学氛围方面，由于部分教师存在较大的工作压力，授课过程中难免会照本宣科，严格执行课堂纪律。一方面，无法有效顾及学生心理感受；另一方面，缺乏师生间的有效互动，教学氛围严肃，缺乏生气。在心理支持方面，苦于师资有限，一时间无法找到合适的心理咨询师，致使学生在遇到心理、情绪和行为等方面问题的困扰时，缺乏正确的心理引导和调试（见个案F）。在物质支持方面，不仅该校存在基础设施和教学设施落后的境况，全国大部分地区的民工子弟学校也存在类似问题。由于缺乏来自学校的物质和心理支持，导致流动儿童存在着厌学、行为偏差、心理自卑和情绪困扰等诸多问题。因而，流动儿童的自我效能感相对较低与学校支持氛围不佳有关。给予流动儿童学习上更多的关心和帮助是增强其自我效能感的有效途径。[1]

　　个案F：六年级语文老师，班主任。她认为由于家庭环境和学校环境因素，很多学生存在着各种心理问题和行为问题，学生之间受欺负、有摩擦是普遍现象。她说："由于家长对学生的关心和监督管理不够，部分学生处于监管缺失的状态，在校行为懒散，心理沉重，由于资金问题，我们学校没有聘心理咨询师。"

第五节　社会工作介入策略

一、社会工作介入优势

（一）学科优势

学科优势主要体现在介入方式、服务理论和功能作用三方面。在介入方式上，相比于传统的学校、社区、家庭三方的介入方式，社会工作的介入方式会更加有效

---

[1] 朱晓伟，尹春明. 流动儿童学业支持与学业表现的关系——学习自我效能感的中介作用[J]. 太原城市职业技术学院学报，2013（12）：116-118.

和灵活。在服务理论上，拥有社会学、心理学、人类学等相关理论，理论方法较为完善。在功能上小组工作作为社会工作的三大方法之一，能借助团体目标和小组成员之间的人际互动，增加认同感与归属感，通过相互分享、支持、激励，促进小组组员树立良好态度，更好地解决问题，挖掘自身潜力，提升社会功能，实现个体的良性发展，在社会发展过程中起到犹如"医生"、"良药"的作用。

（二）价值优势

社会工作以"助人自助"为理念，强调价值无涉。社会工作者始终保持专业的态度，在遵守法律不伤害他人的条件下，尊重保护案主隐私，在以专业方法介入过程中，注重案主自决，发掘其潜能。在具体实践中，通过有针对性的活动模式，引导流动儿童合理归因，形成正确的社会认知，宣泄不满情绪，获得归属感和社会支持。同时，还可让组员在小组互动中学习参考同伴的行为模式，学会处理自己的问题，提高其人际交往能力。社会工作所持的价值取向和发挥的功能与服务对象的期待是相符的，因而，社会工作介入有助于流动儿童问题的解决。

二、社会工作介入方案

流动儿童自我效能感较低的重要原因是缺乏社会支持，为此，本次社会工作介入服务选取8名儿童为服务对象，针对其自我效能感较低的原因，在正式支持方面，提出从政府层面为流动儿童提供相应支持，以完善流动儿童的社会支持网络，提升其自我效能感；在非正式支持方面，以社会工作为视角，主要从流动儿童的自身支持、朋辈支持、家庭支持和学校支持开展四次介入服务，在一定程度上解决流动儿童因较低的自我效能感而滋生的各种心理、行为和社会问题。具体服务过程如下：

1. 第一节服务活动："春风化雨"行动——初蕾期

由于流动儿童存在认知偏差和归因方式错误等问题，导致其自我支持较弱。本节活动的主要目标是通过初步建立小组信任关系，认识自我效能感，提升其自我支持。（见表5-8）

表 5-8　第一节活动

个别活动（时间）	目标	内容	所需物资
你和我（10 分钟）	① 初步建立联系。 ② 量表前测。	① 自我介绍、小组介绍、工作员介绍。 ② 量表前测。	纸笔、量表、礼品
"找零钱"（15 分钟）	① 建立信任与尊重，让组员懂得尊重和珍惜。 ② 使组员感受小组活跃温暖的气氛。 ③ 获取成功体验。	① 规则：男生代表 1 元，女生代表 5 角。主持人说出具体价格数目，由男女生自由组合，最快组合完毕的即为获胜者，落单或组合错误则为失败。 ② 适当进行奖惩。	
认识"自我效能"（20 分钟）	① 初步认识自我效能感。 ② 分析影响自我效能感的因素。 ③ 解决心理困惑。	① 工作者讲解自我效能感。 ② 自我效能感与社会支持关系的调查结果。 ③ 进行交流，为组员答疑解惑。	
（15 分钟）	① 形成小组认识	① 制定契约。 ② 交流、总结与分享。	

2. 第二节服务活动："寻求支持"行动——现蕾期

由于流动儿童存在自我支持和朋辈支持较弱的问题，因而本节活动的主要目标是通过进一步巩固小组信任关系，认识和发掘自我优势、潜能，学会合理归因、矫正认知，建立自我支持和朋辈支持，从而提升其自我效能感。（见表 5-9）

表 5-9 第二节活动

个别活动（时间）	目标	内容	所需物资
内容回顾（10 分钟）	①促进彼此的进一步认识。②巩固之前建立的关系。	①回顾前一节活动内容加深认识。②提出本节服务要求和目的。	纸笔、礼品
优点轰炸（20 分钟）	①学习发现自己和别人的优点。②建立朋辈支持，获取小组情感支持。③发掘自身潜能、优势，增加成员的自我效能感。	①规则：小组成员轮流坐到中央，用 2 分钟时间说出自己的长处，然后以大约 5 分钟时间倾听别人说出自己的优点。②分享：当别人赞美你时，你的感觉如何？是否有一些优点是自己以前没有意识到的？是否加强了对自身优点、长处的认识？	
个案访谈（15 分钟）	①发掘个案自身潜能、优势。②建立自身支持。	①访谈个案，了解其潜能、优势。②鼓励案主发挥自身优势解决问题。	
认知归因训练（15 分钟）	①学会合理归因。②矫正错误认知，树立正确认知。	①由学生个人对自己成绩情况进行归因分析，其他同学做出补充分析。②最后由工作者总结原因，做出反馈。	

3. 第三节服务活动："家庭教育"行动——开花期

针对流动儿童的家庭支持状况，设计开展本节活动，目标是加深组员的认识和归属感，学会理解父母，促进亲子沟通，改善亲子关系，构建家庭支持。同时，激发组员的思考和动手能力，发掘其优势。（见表 5-10）

表 5-10　第三节活动

个别活动（时间）	目标	内容	所需物资
重温回顾（10 分钟）	① 加深组员的认识和归属感。② 加强组员情感支持。	① 回顾和感受上节内容和情感经历。② 介绍本节服务要求和内容。	视频短片、播放设备、纸笔、礼品
老鹰抓小鸡（20 分钟）	① 感受父母角色，体会父母的付出与不易。② 感受快乐，增强团队合作意识和凝聚力。	① 规则：组员轮流扮演母鸡角色抵挡老鹰以保护小鸡。② 感受活动过程。	
亲子教育短片（15 分钟）	① 促进组员进一步沟通和交流。② 学会理解父母，促进亲子沟通，改善亲子关系。	① 观看亲子教育短片，感受人物角色。② 讨论如何促进亲子关系。③ 回家后主动与父母交流，并为其做一件力所能及的事。	
"XX，我想对你说"（15 分钟）	① 激发组员的思考和动手能力，发掘其优势。② 抒发子女对父母的心声，感受家庭温暖。	① 组员按要求画一张全家福，并写上自己想对 XX 说的话。② 引导组员进行分享。③ 家庭作业：把画交给父母看。	

4. 第四节服务活动："共见成长"行动——结果期

针对流动儿童的学校支持状况，结合问卷调查中他们对学业辅导的需求状况，设计开展本节活动，目标是发挥组员优势，激发学习兴趣，促进小组合作意识，获取成功体验，从而增强组员应对困境的抗逆力。（见表 5-11）

表 5-11 第四节活动

个别活动（时间）	目标	内容	所需物资
作业回收（15分钟）	① 了解上节作业完成情况。② 激发组员的情感联系。	① 收回家庭作业，进行适当介绍。② 回顾前几节活动内容，表达感受。③ 介绍本节内容和要求。	纸笔、学习技巧知识、量表、礼品
学习技巧训练（15分钟）	① 发挥组员优势，激发学习兴趣。② 促进小组合作意识，获取成功体验。	① 开展学业辅导，传授学习技巧，解决学习困惑。② 分组进行知识抢答。	
同心协力（15分钟）	① 了解团队协作的重要性，增强团队成员的归属感。② 激发组员的奋斗精神。③ 增强组员应对困境的抗逆力。	① 规则：每组先派出两名组员，背对背坐在地上。两人双臂相互交叉，合力使双方一同站起。每组每次增加一人，直到成功才可再加一人。人数最多且用时最少的一组为优胜。② 适当进行奖惩。	
"你我共成长"（15分钟）	① 了解服务成效。② 认识自我成长。	① 活动照片展示。② 量表后测，成效评估。③ 交流、总结与分享。	

三、介入服务成效评估

通过组员反馈、工作员观察与分析和量表三种方式，综合评估社会工作介入服务对象自我效能感变化过程中的实际成效。

1. 组员反馈评估

通过组员反馈，发现组员在各方面的能力均有所提升。在亲子关系方面，尽管关系改变不是很大，但他们开始尝试以理解、亲近的态度与父母沟通和交流，他们也希望父母对自己有更多的关心和交流。另外，他们表示很喜欢参加这类社工小组活动，因为在这里有很多伙伴一起互动，觉得很开心。在开展第二节服务过程中，他们将自己亲手做的一些剪纸送给工作者。

2. 工作员观察与分析

服务结束后，工作员据其观察与分析，了解到小组活动的开展，促进了组员间的互动和身体接触。组员由先前的陌生、少话、抵触，转变为好伙伴；在心理认知方面，尽管认知提升不大，但在对待问题上，部分儿童学会了思考；在学习能力方面，在小组开展过程中有为组员提供学习技巧的服务，使他们的学习能力，尤其是数学运算能力得到了进一步的提高。

3. 量表评估

本章研究选用的是张建新与施瓦泽等人编制的《一般自我效能感量表》，共10个条目，量表为4级评分，得分越高表示自我效能感越高。[1]通过社会工作的介入，测量服务对象在服务介入前后自我效能感变化状况（见表5-12），结果发现，在服务结束后，服务对象的自我效能感得分更高，表明本次服务成效显著。

表 5-12　自我效能感前后测平均分

前测平均分	后测平均分	差值
17.6	24.5	6.9

通过组员反馈，发现服务对象在各方面的能力均有所提升，如亲子关系、朋辈关系有所改善，组员的学习能力与社会认知进一步提升。量表评估前后所测得分，表明服务对象在向好的方向变化和发展。服务对象在家庭支持、朋辈支持和学校支持等方面均有所改善，基本上达到服务目标。

---

[1] Zhang, J. X. & Schwarzer, R. Measuring optimistic self-beliefs: A Chinese adaptation of the General Self-efficacy Scale. Psychologia，1995（3）：174-181.

第六节 小　　结

一、基本结论

本研究以 L 市某民工小学的 160 名学生（其中 127 名为流动儿童）为研究对象，使用自编的社会支持问卷和一般自我效能感量表，研究流动儿童的社会支持状况及其对自我效能感的影响。为提升流动儿童自我效能感和抗逆力，促进其身心健康成长，从样本中选取 8—12 名自我效能感较低的流动儿童作为个案和小组工作服务对象，通过社会工作介入，以优势视角为理念，开展自我效能感提升小组服务，从自我支持、家庭支持、朋辈支持和学校支持方面，为其构建良性社会支持。通过个案访谈和量表前后测等方法，测量服务成效。通过开展服务，达到预期成效。

研究结果表明，流动儿童自我效能感与社会支持之间存在显著相关性（$P<0.05$），这一结果与何玲（2015）的研究结果一致。[1] 第一，流动儿童自我效能感总体上普遍较低，这与其社会支持状况较弱有关；第二，流动儿童的社会支持状况包括正式支持与非正式支持，正式支持与国家的政策关怀、制度保证和财政投入有关，非正式支持与自我支持、家庭支持、朋辈支持和学校支持有关；第三，社会工作介入，尤其是个案和小组工作介入，对提升流动儿童自我效能感具有显著性效果；第四，优势视角比问题视角更易于提升流动儿童的自我效能感，通过以发展的眼光看待流动儿童，发掘其优势资源，鼓励其主动利用社会资源的意识，使其各方面能力均有所提升，尤其是在心理认同、人际交往和社会适应等方面。

二、研究探讨

研究发现，流动儿童自我效能感问题与其所在的特殊环境缺乏相应的社会支持有关，因而，本章通过优化其社会支持环境，激发其自我效能感与创造力，改善朋辈群体及其他社会交往系统，规范并调节个人行为，遵守并维护社会秩序，解决他

---

[1] 何玲．流动儿童的抗逆力与自尊、社会支持、自我效能感的关系研究[J]．首都师范大学学报（社会科学版），2015（3）：120-127．

们在社会化过程中所面临的问题。

而以社会支持理论为取向的社会工作，强调通过干预个人的社会网络来改变其在个人生活中的作用，并致力于为流动儿童提供服务，帮助他们扩大社会网络资源，提高其利用社会网络的能力，从而维持社会身份并且获得情绪支持、物质援助和新的社会接触。在一定程度上，它是一项服务社会困境人群的工作，它具有诸多功能。然而，这些功能能否有效发挥，与社会工作者能否正确运用社会工作沟通技能和方法具有很大的关联性。或者说，社会工作者的专业素养与专业技能能否得到有效发展具有某种内在联系。因而，社会工作者在构建流动儿童社会支持体系方面具有重要的纽带作用。

流动儿童作为独特的社会群体，他们所面对的环境相对复杂，难免会因其自我效能感偏低，导致各种问题和困境的产生，诸如心理认同、人际交往和社会适应不良等成长困境。而究其原因，主要是由于其社会支持体系缺乏，包括正式与非正式支持，正式支持主要与国家的政策关怀、制度保证和财政投入等因素有关，因而，应倡导国家在政策、制度和财政投入等方面给予一定的支持，为流动儿童营造良好的宏观社会环境。非正式支持主要与其自我支持、家庭支持、朋辈支持和学校支持有关，因此，应围绕这几个方面建立流动儿童的社会支持体系，以便从自我、朋辈、家庭和学校等方面改善其成长环境，促进其自我效能感的提升，增进抗逆力，从而达到有效的社会适应，促进其身心健康成长。

参考文献

[1] 千伟溢，陈璇．流动少年儿童的社会支持研究述评[J]．中国青年研究．2012（5）．

[2] ［英］E. H. Erikson．人格心理学[M]．暨南大学出版社，2013：92-93．

[3] Brittany Gentile, Shelly Grabe, Brenda Dolan-Pascoe, etal.ender Differences in Domain-Specific Self-Esteem:A Meta-Analysis.Review of General Psychology[J]. 2009 (1): 34-45.

[4] 李柞山．转型期初中生心理健康与父母养育方式的研究[J]．心理科学，2001，24（4）．

第五章 化茧成蝶：流动儿童自我效能感提升策略

[5] 王宏彬．农民工家庭教养方式对子女自信心影响的研究[D]．内蒙古师范大学，2014．

[6] 郑久波．初中流动儿童心理弹性与自尊、个体歧视知觉的关系研究[D]．福建师范大学，2012．

[7] 胡芳芳，桑青松．流动儿童一般自我效能感、应对方式与社交焦虑特点及关系研究[J]．安徽理工大学学报（社会科学版），2010（3）：77-80．

[8] 何玲．流动儿童的抗逆力与自尊、社会支持、自我效能感的关系研究[J]．首都师范大学学报（社会科学版），2015（3）：120-127．

[9] 林铮铮．流动儿童心理资本、社会身份认同与学校适应性的关系研究[D]．福建师范大学，2014．

[10] 王宏彬．农民工家庭教养方式对子女自信心影响的研究[D]．内蒙古师范大学，2014．

[11] 吴恒仲，李萍．流动儿童融入性心理问题及社会支持研究[J]．教育探索，2014（10）：127-129．

[12] Bandura, A. Self–efficacy: Toward a unifying theory of behavioral change[M]. Psychological review, 1986（84）：191-215．

[13] 刘敏岚．以自信心为主题的发展性班级心理辅导实验研究[J]．中国学校卫生．2010（2）：225-226．

[14] 王晴．优势视角下的流动儿童城市适应情况及社会工作介入研究[D]．中央民族大学，2013．

[15] ［美］皮亚杰．儿童心理学[M]．吴福元，译．商务印书馆，1980．

[16] 尹书强，马润生．城市流动儿童的社会认同困境及对策研究[J]．青少年研究，2008（1）：16-18．

[17] 王志学．流动儿童城市适应性的社会工作干预策略研究[D]．吉林大学，2014．

[18] 朱晓伟，尹春明．流动儿童学业支持与学业表现的关系——学习自我效能感的中介作用[J]．太原城市职业技术学院学报，2013（12）：116-118．

[19] 蒋月，韩珺．论父母保护教养未成年子女的权利义务——兼论亲权与监护之争[J]．东南学术，2001（2）．

第六章　抱团养老：老工业城市养老模式的探索

单位制小区是中国集体时代下重要的社区组成部分，处理好这类小区的养老问题将在严峻的老龄化背景下具有重要意义。本章通过对柳州市西船社区的研究，发现空巢老人们面临着更多的养老问题，尤其是老人们的生活照料、精神慰藉等需求无法得到很好的满足。基于老工业城市和中国社会的特殊性，对这类群体实施"抱团养老"的方式是对当前养老模式的一种有益补充。本研究结合社会支持理论和差序格局理论，以及社会工作独特的方法和理念展开研究，认为业缘、地缘、志趣等是抱团的主要途径，进而对城市空巢老人"抱团养老"模式进行有益的探索。

第一节　绪　论

一、研究背景

截至2014年底，我国60岁以上的老年人口已经达到2.12亿，占总人口的15.5%。据预测，21世纪中叶老年人口的数量将上升到最大值，超过4亿，届时每3人中就会有一个老年人，人口老龄化问题日趋严峻还突出表现在了空巢老人的养老困境上，传统的居家养老和机构养老等模式在现代文化的冲击之下，使得空巢老人的养老问题面临着新的困难和挑战。空巢老人本身就是弱势群体，在照料和护理问题上相对困难，民政部部长、全国老龄办主任李立国表示，我国老年人口中空巢和独居老年人近1亿人，60岁以上失能及半失能老年人约3 500万人，要把帮扶困难老年人作为发展老龄事业的重中之重。在此大背景下，发展更适应社会的养老模式显得尤为重要。

在我国老龄社会的背景下，新型的养老模式也在为适应社会的需求而产生，本章所要研究的"抱团养老"模式正是其中一种具有较大发展空间的养老模式，主要依据老人团体所具备的"同质性"而进行的抱团式养老，即该团体的成员通过抱团的形式加强他们原本就具备的以"亲缘、地缘、业缘、志趣"等条件紧密联系的社会圈子，促进团体成员之间的相互适应与融合，从而实现团体的老人们"老有所养、老有所为和老有所乐"。

通过实地调查柳州市西船社区空巢老人的生活照料、医疗护理、社会支持、精神文化等养老需求状况与其采取的养老模式的满足情况，从社会工作的视角对这些老人的需求方面进行分析，其目的有以下两点：一是为"抱团养老"模式如何满足空巢老人的养老需求提供研究依据；二是通过"抱团养老"模式来提高养老的生活质量，使空巢老人更积极地面对生活；三是为"抱团养老"模式提供研究实证材料，补充这一领域研究的缺乏，以供后来者参考借鉴，最终为我国养老产业更好地发展做出贡献。

本研究具有重要的学术和现实意义。首先，社会工作介入空巢老人养老需求满足的研究，不仅可以检验马斯洛需求层次理论的适应性和解释能力，还可以为马斯洛需求层次理论研究提供可借鉴样本，进一步论证这个理论。其次，加强"抱团养老"模式对空巢老人养老产生的深远意义相关方面的研究，有利于社会大众更好地了解、认知和服务这一特殊群体，最终利于社会整体和空巢老人自身良好的发展：第一，利于社会选择更好的养老模式服务于空巢老人；第二，利于社会发现现有模式是否满足空巢老人需求，从而重视老人养老的需求，探讨满足老人养老的途径，提高空巢老人养老的生活质量；第三，可以为相关问题的研究和解决提供参考。

二、研究方法

1. 文献法

主要通过网络、学校图书馆等途径对目前养老模式类型及其面临的困境，以及空巢老人需求困境方面的相关资料进行阅读学习，深入了解国内外已经取得的科研成果，在此基础上为即将开展的研究提供理论指导。

2. 观察法

在与柳州市西船社区的空巢老人直接接触的过程中，运用观察法获取深层的信息。

3. 访谈法

通过与柳州市西船社区的部分空巢老人进行访问，深入了解他们养老的需求状况以及最亟需解决的问题，了解老人对"抱团养老"模式的接受意愿，并结合需求调研结果深入分析，为后期介入奠定基础。

4. 问卷调查法

运用问卷调查法对柳州市西船社区空巢老人进行养老需求及对"抱团养老"模式的接受情况进行调查分析，深入了解柳州市西船社区空巢老人的养老困境，为"抱团养老"模式的推行打下基础。

综上所述，本章主要是通过前期资料文献的查阅，了解空巢老人在养老模式中的现状，通过对西船社区空巢老人进行问卷调查、面对面访谈和观察，进行实地研究，最后得出研究"抱团养老"模式的实证材料。

三、文献综述

我国养老模式方面的研究是从20世纪90年代才开始的，丁方、翟晓祯等指出在经历了经济的迅速发展和社会的变革后，养老方面的问题也逐渐引起关注，在2005年后特别突出，而从2010年开始，我国对养老模式的相关研究也产生了大量的研究成果。然而笔者通过查阅相关文献材料，收集和分析其他学者在城市空巢老人养老模式方面的研究情况和研究成果，发现大多数学者都只是在家庭养老模式、机构养老模式、居家养老模式和以房养老等方面进行了大量研究。我国养老的现状和结论表明了养老事业并不乐观，在老龄化日益严峻的压力下，将越来越需要各方面的努力，找出更合适老人养老的途径和渠道，解决养老事业不健全完善的状况。以下为笔者对现有的主要养老模式进行的分析综述。

1. "家庭养老模式"由主变弱

在我国传统的"孝道"文化传承下，形成了主要由代际之间进行的一种养老方式，民间将这种模式贴切地称为"养儿防老",即由父母养育成人后的子女,在父母年老后所进行的义务赡养形式,由年轻力壮的子女辈来主要负责年迈父母的养老需求,这种"回报"式的养老观念长期以来都是中国人养老的主要表现,著名社会学家费孝通认为,可以以"反哺模式"来形容我国这种传统的家庭养老。这种模式是长期本土文化影响下的表现,曾经在我国大多数家庭中占有很大比重,然而随着经济的发展和社会的变革,传统的家庭养老模式越来越弱,特别是我国20世纪80年代以来实行的"计划生育"制度和"独生子女"政策,使得我国传统的"多子多福"家庭观念发生变迁,大家庭模式逐渐被核心家庭、421家庭和老年夫妇家庭等结构替代,家庭变得小型化和核心化,在没有了多子女来赡养老人的时代背景下,家庭养老的功能逐渐弱化,尽管我国已经从2016年开始全面实施"二孩"等政策来应对未来老龄化的严峻压力,但在长达几十年的政策下,独生子女家庭将在未来成为中国家庭的主要表现,届时,家庭养老模式的功能将极大弱化,加之子女因外出求学、工作等因素,将会导致大量空巢老人的出现,在未来的养老模式中,空巢老人的养老问题将成为重中之重。

2. "机构养老"瓶颈难通

机构养老模式是老人入住到养老机构的一种养老方式,机构养老最主要的功能是为老年人提供全日制医疗看护的职能,以及满足老人进食的需求,主要服务于失能老人和缺乏家庭照料的弱势老人。有部分老人是为获得机构所提供的服务而主动选择进入养老机构,另一部分则是子女因工作生活等原因而无暇照料老人,将其送至能替代其进行日常中的医护食方面职责的机构中。但在对机构养老的调查中可以发现这种模式所存在的瓶颈:①供给不足,李中秋认为社会对进入养老机构的养老需求量较大,需要机构养老服务的老年群体数量庞大,然而机构的数量和机构的床位数却远远还不够。②质量不高,穆光宗认为养老机构所能提供给老人的服务质量存在很大问题,这些又都是由于机构本身在建设上存在困难,专业、资深的医护工作人员缺乏,政府支持的力度及自身运营效益导致了其薪资待遇与实际工作付出的劳动不平衡,从而难以留住优秀工作者,同时也难以吸引到这方面的优秀人才,自身建设管理的问题又直接表现在对老人的服务水平上的矛盾。[1]

---

[1] 穆光宗. 我国机构养老发展的困境与对策 [J]. 华中师范大学学报(人文社会科学版),2012,31-32.

③利用率不高，常宗虎认为老人在心灵慰藉上的需求比对医护上的需求更难满足，[1]因此导致了很多老人对养老机构的不满，不愿意留在养老机构养老或者害怕去里面养老，出现了供给不足却仍然有部分空床的对比。近年来社会上也屡屡曝光养老机构中老人被护工暴打而其子女却不知情的情况，很多老人除了有医疗和进食的需求外，对心理慰藉的需求也很强，而机构却因素质、人力等多方原因难以满足。李文君指出机构养老中每个床位从落地到建成大概需要20万的经费，相较于居家养老模式实则投入过多，后种模式更能减少开支，更适合我国居家养老的国情，适用性大。机构养老模式中的供给矛盾、质量较低和利用率与需求相悖等问题表明了我国机构养老还需要各方的大力支援。

3. "居家养老"庞杂待整

居家养老是近年来发展迅速的养老模式，老年人居住在社区内，并享受到专业工作人员、设备和社会的支持与服务，然而在社区内的老年群体条件类型复杂，在对服务对象进行定义及分类服务上需要庞大的工程。扬智慧在研究中发现，提供居家养老服务的工作人员素质不高，服务队伍难以整合以形成规范，政府对这种模式的政策和权责不统一，出现缺位或越权的问题。在资金来源及服务体系的标准方面也存在问题，对各个方面资源的整合工作仍极需完善。虽然"居家养老"模式目前是养老模式中的主要方式，然而该模式仍有很多不足之处，必须在多个方面做出努力才能完善。

4．"以房养老"等新型养老模式待发展

"以房养老"模式主要是指老人以抵押房屋的方式来获得银行每月的贷款金额，从而满足自己的养老生活开支。学者李宇嘉认为这种模式需要很高的要求才能实施，表现在房屋的价值、信用情况，及老人健康、寿命和医疗费用等评估方面，目前我国在这方面的水平还难以满足这种模式的需求，而且我国房产市场的发展程度还不够高，对房屋的评估会遇到阻力，在政策层面，对老人的健康及寿命进行评估会涉及道德上的争议。目前我国对这种模式的接受群体较小，认可这种养老模式的民众不多，主要是对现有的社会环境没有信心。

新型的养老模式是对于社会变化的一种适应性变革，它符合老人养老的需求，

---

[1] 常宗虎．怎么看怎么办？——养老机构入住率情况的调查与分析[J]．中国民政，2000：30-31．

然而它们的发展还需要进一步的研究与完善才能在实践中真正造福老人群体。甘满堂、娄晓晓等认为，国外有主要以英、法、德等西欧国家"时间银行"的互助养老模式，通过服务时数的储蓄进行支持老人养老和保障未来老人的养老问题；以美国、加拿大等为代表的美洲社会参与互助养老，是对社会参与产生的积极作用的典型体现；还有以日本、东亚为主要代表的社区居民互助养老模式。国内则有以天津、杭州为主，在 1990 年左右兴起的城市社区服务与时间储蓄模式；北京、湖北、浙江、河北和安徽等省，通过政府发文推广农村社区老人互助模式等。甘满堂认为养老机构内老人互助模式符合老人的需求，具有可操作性。同时，陈静等认为抱团养老模式是一种新型的，能够实现老人之间互助与自助的养老方式。喻美玲在研究中把"抱团养老"与"以老助老"放在了一起进行论述，强调老人之间互助行为的积极意义。孙文华在研究中认为"抱团养老"模式也叫作"以老养老"模式，是老人对老人的扶持，实现养老的方式。郝景亚认为学界对结伴养老有一定的模糊，仍未形成统一界定，在不同的研究中的叫法不同。张志雄、孙建娥在研究中提倡以"互助结合养老"的方式进行养老模式的探究，认为它将对养老问题起到很好的作用。[1] 瞿蓓在《关于"空巢"老人研究的文献综述》中归纳了其他学者的研究，得出"空巢"老人的概念界定、分类、成因等方面的结论。沃克指出家庭规模变得小型化以及家庭妇女参与劳动这些因素发生作用，家庭妇女照顾家庭老年人的负担明显更重。他还通过研究欧洲国家养老的状况，认为可以实施一些对策来解决问题，提出"国家和家庭共同负担老人的长期照顾"的解决策略。美国的学者 P·C·默多克在 1947 年提出了"家庭生命周期"的概念，概念中用了形成期、扩展期、稳定期、收缩期、空巢期和解体期这六个阶段对家庭生命周期进行划分，这种划分的理论后来成为了空巢老人的基础理论。后来的一些学者也不断对其补充和完善，至今还在沿用，虽然随着社会的变革，出现了不同的家庭周期类型，但较多家庭还是经历着这些阶段过程，这对"抱团养老"的研究也起到了重要理论支撑作用。

综上所述，各类养老模式以及相关养老问题的结论都表明，现有的养老模式仍存在很多不足。而通过实地研究西船社区这种"单位制"职工社区的空巢老人养老现状，可知目前常见的养老模式也难以满足西船社区空巢老人的养老需求。笔者认为"抱团养老"模式作为一种新型的养老模式，所能起到的积极作用将很明显。特

---

[1] 张志雄，孙建娥．多元化养老格局下的互助养老 [J]．老龄科学研究，2015：33-34．

别在这种"单位制"类型的社区里将可以很好地解决空巢老人养老方面的需求,补充其他养老模式的不足。然而目前学术界对"抱团养老"模式的研究却极少,存在很大的空缺。除以上谈及的文献,还有李仲文的《知青互助养老——40年后再吃大锅饭》、寇士奇的《抱团养老QQ群》等,王进伟等部分学者在互助养老和结伴养老方面简要提及"抱团养老",相关的还有宋华西对新型老年公寓和农村"互助幸福院"等的研究。本章正是希望通过对"抱团养老"模式进行理论和实证的分析,来填补这类研究的空白,为西船社区及更多的"单位制"社区空巢老人的养老模式提供满足需求的养老服务。

四、相关概念界定

"空巢老人"参考了任思蒙在《城市空巢老人社区养老的问题与对策研究》中的定义,是指不与子女及除配偶外的人一起居住和生活的老人,在距离上要求子女不在本地居住和生活,并且在相当长的一段时期内都会保持此种空巢的生活状态,而老人是按照国际标准,对超过60岁以上的人进行的划分。

"抱团养老"是近年开始受到关注的一种新型养老模式,他们或是老同事、老同学,或住在一个村庄、社区,而进行"抱团"生活、休闲、互帮互助,变被动为主动,不仅利于排解子女不在身边的孤独感,也能老有所为、老有所乐。老人们根据亲缘、地缘、业缘、志趣等条件进行抱团,每个团体成员规定在10人左右,以小团体开展养老生活。团体中成员数量的控制是为了使团体能够实施自我管理运作,规模过大容易出现一些矛盾,影响整个团队。抱团养老通过小团体的方式开展,实现老人成员之间进行相互照料、医病守护、心灵慰藉和团体文娱等帮扶和促进性行为,通过抱团实现空巢老人生理和心理的良性发展。

"养老模式"可以分别从"养老"和"模式"来进行界定,"养老"是指有子女奉养老人,为老人养老送终和人在变老后选择的休闲生活。而"模式"在相关文献中的解释较多,目前学界对其也有其他的称呼,如"养老方式、养老形式或养老的体系制度"等。笔者主要依据了丁方等学者在《我国养老模式研究综述》中把养老概念分为"养老体系、模式和方式"的分类,采用了其"养老模式"的概念。

其他养老模式是指目前比较常见的养老模式,主要包括了"家庭养老模式、居家养老模式、机构养老模式、新兴的以房养老模式和农村互助养老院模式"等,笔者通过对这些养老模式的文献查阅分析，发现这些养老模式运用到城市空巢老人养老中所存在的不足，进而分析为何需要发展新型的"抱团养老"模式，以及该模式将如何解决其他养老模式的困境。

第二节 西船：一个老工业城市的单位社区

一、柳州市西船社区的概况

（一）西船社区概述

西船社区位于柳州市鱼峰区麒麟街道东环路口与西江路交叉口附近的西船大院内，社区南侧靠西江路，西侧靠东环路。社区居民成分主要为原中船西江造船厂的职工及其家属，过去人们习惯称呼其为西船大院，即西船造船厂职工住宅区的简称。2002年7月25日，柳州市鱼峰区批准原西船大院成为西船社区。截至2015年底，社区占地面积共95 470.25平方米，居民住宅楼总数为53栋，社区内总户数为2 112户，总人口数为5 827人，流动人口有90户，共287人，社区内配备有健身活动广场，乒乓球、羽毛球等兴趣活动室，图书馆，灯光篮球场等活动区域，以及西江医院、西船幼儿园、便利店等。

表6-1 西船社区住户情况

时间（年份）	总户数（户）	西船厂职工户数（户）	西船厂职工户数占比	外来户数（户）	外来户数占比
1990	1 582	1 494	94.4%	88	5.6%
2000	1 656	1 517	91.6%	139	8.4%
2010	1 976	1 575	79.7%	401	20.3%
2015	2 112	1 587	75.1%	525	24.9%

注：职工户指至少有一位家人为厂内职工，非此条件则为外来户，包括其子女辈的购房。

由以上调查数据可知，西船社区居民大多数为原西船厂职工，而外来户占比极小，因而西船社区属于传统的"单位制"社区。由于工作在同一个企业，这类社区的居民具备有较大的相似性，体现在生活方式、作息习惯、接触事务和心态想法等方面。

二、柳州市西船社区空巢老人

在西船社区柳州市麒麟街道办事处及社区实地调查了解到，截至2016年2月，西船社区超过60岁以上的老年人口总数为1555人，其中男性817人，女性738人，分布于813户；空巢老人户数为551户，空巢老人共1071人，超过80岁的高龄空巢老人有36人；领退休金的空巢老人有1005人，社区老人情况具体如下：

（1）居住情况：与老伴居住的有1248人，与子女同住的有432人，独居的有31人，住养老机构的有2519人，有人陪住的有2人。

（2）身体状况：自理老人1225人，介助（半自理）8人，介护（不能自理）2人。

（3）婚姻情况：已婚1554人，未婚1人，离婚37人，丧偶158人。

通过以上数据可知，西船社区存在较多的空巢老人，他们大多数都属于年轻老人，高龄的空巢老人占比很小，这些年轻老人在身体状况上都比较健康，符合"抱团养老"模式中具备自助和互助的条件，且他们同属于"单位制"社区内，具备有较高的"同质性"，有利于在该社区内对这些空巢老人实施"抱团养老"模式。

第三节　西船社区空巢老人养老的现状及问题

本研究选取对象的研究地点为柳州市西船社区，该社区是柳州市老年人口较多的一个社区，在这个社区里的老年人大多是原西江造船厂的职工或其家属，这类老人群体具有"同质性"的特点，大多老人们从工作到退休这几十年的时间里都住在该社区，接触着相似的工作和生活圈子。本次研究的主要对象为社区内老人中的特殊群体——空巢老人，这类群体在老年群体中属于弱势群体的一种，具有特殊的代表性与研究价值，这类群体所占比重在不断增长，若得不到重视和解决，将来会衍生出很大的养老问题，故本章所选取的调查范本具有典型性和特对性。

一、西船社区空巢老人养老的现状与模式

通过调查研究可得出以下表格数据：

表 6-2　西船社区空巢老人养老情况

养老方式	生活照料满意度	精神慰藉满意度	医疗护理满意度	社会支持满意度	户数	户数所占比
机构养老	20	10	40	30	15	2.7%
居家养老	70	20	5	5	516	93.6%
以房养老	0	0	0	0	0	0
其他养老（亲属、陪住、出租房等方式）	50	30	10	10	20	3.6%

注：满意度设置为满分100分，户数占比等于户数除以空巢家庭总户数551户。

西船社区里将近90%以上的空巢老人选择的是"居家养老"模式进行养老，老人在养老中会遇到一些问题。林宝认为老人在养老生活中的需求主要有三个方面的内容：生活照料、精神慰藉和物质供养。除了这三种需求外，还有社会支持的需求。通过对西船社区空巢老人养老模式的调查，可以得出以下结论：

1. **家庭养老弱化**

传统的"家庭养老"模式极大地弱化了西船社区的空巢老人养老功能，"家庭养老"模式要求子女对老人进行赡养，主要由子女对老人生活的方方面面进行照料和帮助。而对空巢家庭来说，家中的子女已经在外独立门户，老人的生活起居均需要靠自己或老伴来进行，部分经济条件优越的老人能够有人陪住照料，然而更多的空巢老人在缺失子女照料的情况下，他们的养老生活面临了许多问题，在西船社区，传统的"家庭养老"模式已受到了极大的冲击。以下为对张奶奶的访谈内容：

　　以前我们那个年代，我们一家五个兄妹，主要是小弟家照顾父母，我们其他兄妹也会承担照顾，那时候多好啊，老一辈享受到一家人的照顾。而到了我们这辈，孩子又不像以前那么多，我只生了个女儿，嫁出去了就成了别家的了，我们就好像少了一份依靠的感觉，虽然女儿也会偶尔回来，还带些东西来看我，可终归是不能享受天天被照顾了。

张奶奶的话从侧面反映出传统的"家庭养老"模式已经受到了弱化,这也是我国存在的普遍现象。"家庭养老"模式在我国历史中具有着重要的作用,改革开放后的市场化经济在一定程度上催生了机构养老、社会养老等新型养老方式的发展,传统的家庭养老这种单一模式逐渐被冲击,特别是在计划生育和独生子女政策的影响下,家庭养老的功能更受到了极大的弱化,以前那种几个子女共同来负责老人养老的局面正在加快退出历史舞台,取而代之的将会是新型的养老模式。

2. 机构养老

"机构养老"模式在西船社区空巢老人养老中的作用极小,主要是机构方面和老人选择的双向问题所致。首先,该模式与传统的家庭养老有较大冲突,机构养老在西船居民的观念上容易被认为是子女不孝,不对老人进行赡养才将其送至养老机构;其次是养老机构仍存在很多问题,发展程度并不够高,服务不够好,负面新闻影响较大,使得多数老人们不会选择机构养老。以下为西船社区李奶奶的话:

> 我和老伴是前两年开始自己住的,儿子被调到外地工作,儿媳和外孙女也跟着过去了,我们觉得在这挺好的,也不想卖掉房子过去跟他们住。本来儿子说要么叫我们跟过去,要么住到养老院里他们才放心,可后来拗不过我们就让我们这么住了。以前听说过养老院护工不会及时给那些痴呆和动不了的老人洗澡,排泄物就那样一直到晚上才给清理,我有个朋友住在里面,我也去里面看过她好多次,也看到了确实有好多护理不到位的情况。一般一个护工要负责好多个老人,光喂饭一遍过去都差不多一两个小时了,那些动不了的真可怜。也不能怪护工,工资那么少又做那么脏的活,说不定有些可能都是外面随便请的呢,不是专业护理人员。

机构养老模式引用到我国已有多年的历史,但是一直来仍面临众多问题,资金支持对于机构的建设和发展还存在不足,机构自身又难以形成自我良性发展,经营上出现收益与支出的不平衡,众多的问题使机构的形象遭受质疑。从李奶奶的访谈中反映出西船社区的空巢老人对于机构养老模式也存在不认可的情况,他们更愿意在家养老,也不希望自己今后病重到不得不进机构养老。

3. 居家养老

"居家养老"模式在西船社区内占据了很大的比重,大多空巢老人都选择在家中居住生活，然而社区服务于老人的资源和设施都还很不足，空巢老人享受到社区内的养老服务比较少，种类也单一，大多是节假日才有的游园会或歌唱晚会等，对老人的生活照料、医疗服务和精神关爱等服务仍无法达到。以下为对李大爷的访谈：

> 我在这个社区里生活了四十多年了，很习惯这样的生活，儿子在外地工作，二女儿本来是跟我和老伴住，后来结婚了就住到女婿那了，我们没想离开这里去和大女儿或者儿子住，就两人自己住了，以前过得都还好，只是老伴走后我有时候不想煮饭吃，太麻烦，会感觉到孤单，不过也没办法，只能这样了。要是以后社区能对我这样的老人提供些服务，我觉得应该有很多老人会很高兴的。

"居家养老"模式是传统的在家养老观念，从对李大爷的访谈可以看出西船社区有很多老人都不愿意离开自己熟悉的地方，希望能在家里养老，在家里生活会比较自由自在，对老人来说也更舒服。然而目前居家养老的其他资源仍有很大缺失，可以为西船社区空巢老人提供各类服务的资源还严重不足，需要去极大地完善。

4. 其他养老方式

西船社区的空巢老人也还有一些其他的养老方式，如出租房子，老人把闲置的房子出租出去，其收益可以作为自己的养老经济来源；也有亲属照护的养老方式，老人的日常生活都主要依靠亲属来帮助和维持。而在西船社区的养老方式调查中并未发现有采用"以房养老"模式的老人，主要是因为该模式在政策上并不可行，政府、银行等力量并未形成明确的方针和政策，使得这种模式难以实现。虽然其他养老模式也具有一些案例，但这些养老方式只是少部分，占据的比例很小，在养老问题上并未能起到应有的作用。

在对西船社区空巢老人养老现状的调查中发现，传统的家庭养老模式明显已被替代，机构养老模式成为迫不得已的选择，以房养老与社会实际不符，也没人认可，居家养老模式成为西船社区空巢老人养老的最主要选择，然而这种模式并不能很好地满足空巢老人的需求，待完善之处颇多。调查分析发现，西船社区的空巢老人都具备较高"同质性"的条件，有这些良好的先决条件作为基础，对"抱团养老"模式的运行将起到很好的促进作用。

二、西船社区空巢老人存在的问题

空巢家庭分为"源发性"空巢和"次生性"空巢,前一种是对丁克家庭或未婚独居老人的表达,即老人由于主动地选择了无子女式的生活,而必然会在后来不可选地成为空巢老人的类型;后一种则是指老年夫妇不与子女共同居住生活的情况,而可选择地成为了空巢老人。空巢家庭成因中最主要的还是由"次生性"因素造成,"源发性"因素所占比例则相对较小。通过对西船社区空巢老人的调查可知,柳州市西船社区内的空巢老人为1 071人,其中未婚独居的空巢老人仅有1人,即西船社区多数空巢家庭都是属于"次生性"类型,本章将主要的成因分析放在占据绝对比的"次生性"家庭类型上进行。西船社区空巢老人家庭的存在主要有以下四类因素:

1. 经济因素

经济因素作为生活中最主要的一种参考标准,有着重要的意义。马克思认为经济基础决定上层建筑,经济水平极大程度地影响了一个家庭的生活方式及质量。通过资料分析和在西船社区的实地调查后发现,西船社区里拥有退休金及其他收入来源,在经济上能够自立自足的老年人,他们对生活有更高的追求,希望与子女分开住,以享受平静的时间和自由的生活。子女在减轻了赡养父母的经济压力后,也会更多地选择另立门户,以期有小两口的自由生活。在经济条件优越的情况下,空巢老人可以更好地享受老人自由无虑的生活,在无其他状况发生下各过各的生活。经济条件不优越家庭的子女,则会需要通过去外地更努力的工作来提升整个家庭的经济条件,从而导致了空巢老人的产生。因此,经济的好坏对空巢老人的形成起到较为主要的作用。以下为对何奶奶的访谈内容:

> 我和老伴独自生活有三年多了,以前都是和儿子一家三口同住生活,后来发现和儿媳的关系越来越合不来。刚开始是因为自己退休在家也没事干就帮着他们带孩子,一家子一起生活也马马虎虎,后来儿媳说为了孙女接受更好的教育,将她送到娘家那边上小学,儿媳也坚持回去,我们也不想为难儿子,就让他跟过去,帮着他们在那边买了房,平时他们忙工作和孙女的事,我们平常也会到处去旅游,跟老朋友们没事一起组队玩,各自过生活,过得很轻松自在。

通过对西船社区空巢老人经济水平的调查发现，大多空巢老人的经济条件都较好，部分家庭帮子女买房后还有一些积蓄，加上退休金，除去生活开销后，还有不少结余可以去旅游。而也有的空巢家庭经济条件一般，子女为挣钱去外地工作，产生了空巢老人的现象。

2. 政治因素

政治因素往往会造成普遍性的影响结果，在我国实行计划生育的大环境下，家中子女变少，传统的多子女式的家庭养老功能在此背景下遭到了极大地弱化。政治因素使家庭结构核心化和小型化，在一个核心化家庭中，若是子女外出，便可能会造成空巢老人的结果。以下是对王奶奶的访谈：

> 女儿是在外地上的大学，毕业后和男朋友留在那工作生活，那时他们一年也就回来个几趟，后来在他们一直劝说下过去住了一年多，但因为在那边太陌生了，我俩都适应不了，而且，他家（女婿）的父母也会偶尔去跟他们住上一段，搞得像我们四个老人在争孩子辈似的，容易给大家带来压力，加上生活习惯上也差很多。为了不影响女儿，最后还是回来两人自己住了，除了生病的时候比较难处理外，其他都还容易解决。

政治因素不仅会产生较大范围的影响，其影响深度也很深。王奶奶的情况可以反映出计划生育政策对于一对子女四个老人的影响极大，而且这是对整个社会的影响。张连民、张益刚两位学者认为中国的"银色浪潮"将带来社会的大问题，家庭养老功能弱化和社会保障措施缺位使得老年人面临较大的养老风险，法律中亦缺乏对老年人的合理关注，城乡二元分立现象的突出也使得老年人的权益保障问题格外严峻。政治因素对西船社区里特别是年轻老人空巢化的影响特别大，这些老人将会是社会老龄化问题中极需去重视的群体。

3. 文化因素

社会的文化也是导致西船社区里出现空巢老人的因素，在国内自身的发展变革和西方社会的独居、丁克等文化的影响下，人们的思想也随之发生改变。西船社区作为一个老工业城市的职工社区，其城市化和工业化的发展也引起了文化上的改变，西船社区内老人会有一部分选择自我养老，其子女也倾向于外出独立，也会有一部分人认可和接受丁克家庭的概念，在这些文化因素下产生了空巢家庭。以下为对韦爷爷的访谈：

> 我身体没什么大问题，经常还会去找老伙伴下象棋，有时候也去参加社区里的活动增加娱乐，老伴走后自己一个人住，有时候也觉得孤单，但因为两个儿子都在外地工作，自己又不愿意去他们那里，两个儿子家都各去住过一段时间，后来不习惯，还是回到自己熟悉的地方，女儿家也在这里，但没考虑住到女儿家去，她会经常来看的，我目前自己生活各方面也都还好，过得也蛮高兴的。我想再过几年身体不利索了就住到养老院去，虽然可能担心里面不好，可考虑去儿子那也不好，不想太麻烦他们。

空巢家庭的产生与文化因素有关，对空巢观念的认识与接受使得空巢家庭不断增多。肖结红在研究中指出了代际之间的思想、观念和生活习惯上的异同，会造成许多老年人想要与子女分开居住的状况，而不仅仅是子女单方面的问题导致产生了空巢老人这个群体。在这些养老观念的传播下，国内对养老模式的认识在持续发生着作用。

4. 健康医疗因素

健康的体魄可以使老人对自己更充满信心，而医疗水平的进步也在很大程度上降低了老人们的担忧。自信也是老人不畏惧空巢生活的基础，子女也因父母良好的身体状况而能够更放心。以下为对黄爷爷的访谈：

> 我和老伴在一起生活，儿子五年前开始到各地跑生意，一年都没回多少趟。他以前在这里做生意，那时候和我们住一起，但就算在本地做生意，回家的时间也大都很短，需要经常跑，我们身体也很健康，钱也够花，他就因为这点才敢一直在外跑生意的。我们没啥病，时不时还能去公园爬个山，和一些老朋友也经常往来，大多数时候都会在一起下棋、打牌或者组织些有趣的活动，增加生活的情调。

健康因素对老人或者整个家庭来说是非常值得关注的，老人们往往都会出现这样那样的病症，轻则好解决，若重则不仅是影响老人，其子女们都得牵扯进来，花费很多钱不说，还得熬过病痛折磨。而若将这份担忧减少，空巢老人可以很好地生活自理，则就会相应地增加了空巢家庭的数量。

西船社区空巢老人的形成原因主要有经济因素、政治因素、文化因素和健康医疗等。通过对这些因素的分析以及对案例的访谈分析可以知道，空巢老人的存在是国家层面的政策导向、市场经济模式的结果，此外，还有社会文化的影响以及空巢老人自身的生理、心理等因素。西船社区中空巢老人的形成有所不同，总的来说都为"次生性"的结果，通过对这些存在因素进行分析研究，可以发现西船社区空巢老人的养老问题上的可切入点，从而为"抱团养老"模式在该社区的运用提供可行性探析。

第四节　抱团养老：老工业城市养老模式探索

一、"抱团养老"对空巢老人养老需求方面的满足

（一）在生活照料上

空巢老人凡事几乎得亲力亲为，做饭、整理房间、洗衣物等要花费掉老人很多的时间，还增加了意外出现的可能。"抱团养老"模式对空巢老人的日常生活照料方面将起到较好的作用。在"抱团养老"中，成员们建立轮流制度，分配老人来负责每日的买菜做饭等这些每天都要进行的活动，这样就可以节省了大家的人力。每位成员家的钥匙都配给几个主要负责人，方便及时上门帮忙处理一些事务，成员间每天都需要向组长汇报情况，相互问候，发挥对成员日常守护的保障功能，老人们还可以通过安装相互连接的呼叫器等，发生意外时可以及时寻求到成员的帮助。以下为对陈爷爷的访谈：

> 我觉得你（笔者）讲的抱团养老对我们生活上的设计还是蛮好的，就拿我老伴来说，她经常做一件事得跑两遍，比如她去交电费，回来的时候手里拎着一袋大米，我就问她不是充电费去了吗？怎么就买米了，这一问她才突然记起来，说在路上碰到好姐妹，聊到商场大米降价的事就把缴费给忘了，跟姐妹去买米了。像我叫她买菜回来顺带份报纸之类的也常不记得，我只能自己跑一趟。这些琐碎的事经常得俩人自己去做，没人帮，要是以后有这样的政策（项目），我和几个老伙伴抱成团，一个人顺带着就帮了

107

其他几个人，轮流去帮忙一起缴费、一起买菜或带报书，就可以省了大家好多麻烦啦。

从对陈爷爷的访谈中可以发现，老人对于笔者所介绍的养老模式比较认可，具备可行性。"抱团养老"模式通过把西船社区的空巢老人进行抱团，让老人之间形成一种圈子，让他们在生活上能够享受到一人付出、多人受益或多人付出、多人受益的集体式成果，在集体中互通有无，大家集中集体的智慧来获得更好的养老生活。

（二）在精神慰藉上

西船社区的空巢老人大多都感到寂寞和孤单，一是因为缺失了子女的慰藉，家庭赡养照顾的职能已被极大弱化，二是空巢老人由于各种原因也渐渐减少外出，与外界的往来也越来越少，人际关系问题逐渐显现，老人的心理健康问题突出。在"抱团养老"的模式中，老人们形成圈子，成员之间增多往来，密切联系。成员间出现有人遇到挫折不如意了，其他成员则需对其进行安慰和关心，多组织大家在一起聊天，回忆过去的趣事乐闻，讲述各自的故事，也倾听他人的心声，共同举办一些集体文娱活动等。以下是对刘奶奶的访谈：

> 我一个人在这里生活，儿子和女儿都不在这个城市里，前几年去过儿子家住了约一年，但是感觉那里太陌生了，除了跟儿子一家能讲讲话外，就在楼下跟别人讲过一次，后来就回来这里自己住。在这里才有多一些朋友，除了晚上有些孤单，平常白天都能和老姐妹们一起聊天或者组织活动，总的来说觉得过得还行。

从对刘奶奶的访谈中也可以看出，空巢老人对于精神慰藉的需求是比较强烈的，他们经历了丧偶的痛苦，又与子女分居两地，有人陪聊、倾听心声成为他们的愿望。在"抱团养老"中，空巢老人可以在团体里相互诉说与倾听，大家都会对每位成员的心理状况有所了解，当有人在心理上出现了异常也会被发现，并通过大家的关怀鼓励，为其开导和解决。在平常的团体活动中还会组织促进精神娱乐的活动，促进成员共同的心理健康。

（三）在医病看护上

健康问题通常是老人最担心的问题，特别是空巢老人，一旦生病了将会出现很多难处，到医院里要排很长时间的队不说，路途上也存在危险，要是生病住院了老伴又不能时时守护，更是连去帮交医药费的人都没有，这些是多数老人最担忧的问题。而通过"抱团养老"模式，这些问题将可以得到较好的解决，有人生病需要去医院，则可以安排成员陪同去，或者叫人帮忙买药到家里；住院了可以安排成员轮流守护，需要吃饭也可以让人带来；缴费时叫人去家里帮忙拿医保卡。通过成员间的轮换协助，这些问题将可以有效解决。以下是对伍奶奶的访谈：

> 我有次半夜里哮喘病突然发作，那时候老伴因为前些日子摔伤了腿还没康复，旁边的邻居那几天也出门旅游了，老伴很辛苦地给我喂水喂药后，只能等着120上门接我到医院治疗，现在回想都还有点心悸。我们空巢老人在家，要是生病起来真的太容易出事了，子女在外地，身边也没什么人能马上提供帮助。而且住到医院后我还不能马上恢复出院，老伴动不了，只能干着急。头两天都是一个好朋友去医院里给我帮忙，又给我老伴送饭，儿子和女儿赶回来时都差不多第三天了，病了真的挺难受的，自己痛，家人也跟着受罪。

伍奶奶的访谈内容反映出了西船社区的老人对医疗看护的一些看法，医病看护问题虽然只需要做些诸如送饭换衣、全天候守护、帮助缴费办手续等小事，但这种需求需要的是长时间的耐心守护，空巢老人缺乏子女的守护，亲人也不一定能代替子女来保障他们的需求。因而，通过"抱团养老"模式，可以为空巢老人建立起一个轮换看护的保障。做医病看护上的事情并不会对老人成员们造成多大压力，又能解决其他成员的医病看护问题。

（四）在社会支持上

项目的开展离不开政府、社区资源、第三方机构和志愿者组织等方面的支持。

1. 政府在此模式中需要明确职能，避免缺位或越位的情况

政府应该在政策和制度上起到主要作用，通过上层建筑来规范标准，创建出如"抱团养老"法人法制、养老专项法规、慈善法、志愿服务时数储蓄规章办法等配套的文件法规。"抱团养老"等这些模式的出现并非是偶然,其缘由是因为我国在养老保障体系中的不健全和不完善,故应该加强养老保险、医疗保险的保障功能,加深对老年人生活津贴、文娱体魄等的支持,鼓励并且扶持基层医疗、社工机构、养老服务团体和志愿者组织,自上而下地推行,最终实现养老产业健康发展。部分学者在这方面也做了一定的研究,张彦青指出,长期以来我国政府在养老工作中未能很好发挥作用的问题,强调政府不仅应该承担养老责任,而且在养老问题上责无旁贷。他选取了比较有代表性的美国、德国等国家,详细介绍并分析了两国的老年社会保障制度及其政府职责,为研究我国政府在老年社会保障中责任的合理定位提供一些有价值的经验和参考。庄琦认为我国的社区服务改革工作仍然需要做大量的工作,社区服务大多带有行政管理的色彩,而政府相关部门对此也存在着职能缺位的问题,归纳出政府需要明确权责,加大支持力度,提倡社会力量入驻等。[1]

2. 与老人关系密切的社区及相关资源需要优化整合

目前在社区内很多的资源都还不够完善,资源间的链接也不全,既有资源短缺又有资源闲置浪费等矛盾。刘辛觉得养老服务中的运行机制仍需完善,普遍存在着养老服务设施不健全、养老服务投入不足、服务水平地区差异大等问题。李春认为中国市场经济体制的建立和单位制的弱化,以及社区的公共服务功能日益强化,要求客观上加强城市社区公共服务体系的建设。[2] 从公共治理和政治发展的视角来看,社区公共服务体系的完善是社区建设的内在要义,是社会管理体制创新和基层政权建设的前提基础。社区本身就承担着居民的服务内容,针对辖区内的家庭需求情况,应该能够将社区内或邻近的资源进行优化,更好地管理社区卫生服务中心,保障居民的医疗健康,创新社区的日间照料中心及托儿所对居民发挥的功能,替家庭在老人与儿童问题上分忧,使社区内的资源能物尽其用,物超所用。

3. 在资金来源和使用渠道上开发新的思路,使其多元化和长效化发展

在"抱团养老"工作中相关的场地建设、投资募集、工商运营、爱心捐款等方面,

---

[1] 庄琦. 我国城市社区居家养老服务的现状与出路 [J]. 北京劳动保障职业学院学报,2008:13-14.

[2] 李春. 城市社区公共服务多元协作组织研究 [A]. 科学发展:社会管理与社会和谐——2011 学术前沿论丛(下),2011:142-143.

应实行减免税等类型的鼓励。在财政的专项发展基金、社会捐赠、团体集资及惠民经营等方面实现多元化筹资。并且在运行过程中，通过重点发挥公益志愿组织的服务来达到节约成本的目的，例如德国"多代屋"项目中的操作，将政府的运行资金的一半预算为薪水，对志愿者的鼓励起到了很好的作用。

4. 需要调动起养老模式中起到有益作用的自治组织和精英人物的积极性

曹煜玲认为我国的养老服务体系并不能高效地实现各项职能的功用，社区、企业、家庭、个人、各类社会组织等应在市场机制下发挥自身的领域职责，修补养老中存在的不足，完善体系的作用。在老龄化的背景下，我国的老龄化问题将关系到每个家庭，是整个社会都要共同面对的事情，"抱团养老"在实践的过程中必然会激发出很多的基层组织和基层精英，通过物资或精神类的嘉奖来对这些基层力量给予充分尊重，会更能调动其在"抱团养老"工作上发挥积极性。

综上，"抱团养老"养老模式的社会支持需要明确政府定位，发挥政策出台的主要功能，做到不缺位及不越权；对社区资源进行整合，促进社区服务中心、日间照料中心、托儿所等功能的发挥；通过开源节流，寻找其他方式来节省经费、土地、设备等的投入；重视并寻求发挥社区精英和草根组织、爱心商家、志愿者团队等的功能。

二、"抱团养老"的条件选择

每一种关系都能找到他们结成关系的索引，西船社区空巢老人抱团条件中也有这样的索引在发挥着作用，笔者将这些条件分为"亲缘、地缘、业缘、志趣"四个因素。柳州作为一个老工业城市，工业化和城市化的进程使得西船社区这个原西江造船厂宿舍区具备了多种共同条件，体现在生活的方方面面。西船社区内居住的居民大多都工作在同一个工厂，都经历着相似的工作内容、文化和见闻，他们身上都有着老工业城市的深刻烙印，经过了几十年的时间，现在成为了拥有共同或相似生活经历的一类人群，这使得西船社区空巢老人具备了"抱团养老"的条件。

（一）以"亲缘"抱团

在我国文化中"血浓于水"的典故受世人流传，换言之，用"亲缘"来概括就是对这一现象进行的广义表达。无论在怎样的环境中，总会有人以和个人的某些远近血缘关系来结成关系，因为血亲是与之能建立紧密关系的最为直接的证明。在本次研究区域里，西船社区有一部分空巢老人正拥有这样的关系，他们有的是兄弟姐妹或表亲的关系，有的是亲家关系、结拜关系等，总体上可归纳为"血缘"和"非血缘"的亲缘。他们在老工业城市中接触着相似的生活经历与见闻，在一个大同小异的空间背景下生活着，而他们也都一直保持着稳固的关系，相互之间的关怀和慰藉一直在促进着亲戚关系的发展，而这层关系也是别人无法取代的，有着其特殊的性质。

在对西船社区的空巢老人实施"抱团养老"模式时，"亲缘"可以作为一个很重要的标准来进行条件选择，以此为基础起到的积极作用也较为明显。首先，其具有一些先天的条件作为基础，抱团的老人们原本就拥有着稳固的感情基调，而且在"自己人"观念下，这个团体会更愿意去承担相应的义务和享受服务，中国人通常都有"帮人先帮自己人"和"一家人不客气"的观念，这里的亲缘关系就是把其他老人划为自己人或一家人。抱团养老营造的效果便需要有这样的氛围，可以让团体中的老人们像家人一样去照顾其他人，这样会比较有利于建设团体成员的奉献精神。

（二）以"地缘"抱团

"月是故乡明"代表的是一种感情，人在他乡这种情感就会更深刻。在故乡的堂前屋后有亲人，他们的爱伴着人成长，然而当自己长大后离开了那个充满爱意的地方，漂泊在他乡时，对"亲缘"的那份期待也就自然而然地被"地缘"接替。在西船社区的"抱团养老"模式中，地缘在抱团中的表现就是老人们会与那些和自己来自相同或相近地方的人更亲近，也可以表述为"老乡情怀"，这类老人除了拥有在老工业城市中相似工作和生活的经历外，他们还具有抱团的条件，这些抱团养老的成员在一起养老的过程中会具有"同根"的思想，他们可以一起回忆童年时期几乎一样的山水人文，儿时的共同记忆通常也是最能引发老人们灿烂笑容的催化剂，老乡的感情在大多数中国人心中的地位一直较高，因为共食一方水土长大的观念使老乡之间产生了形成联结的意向。这种感情在西船社区里也有较明显的表现，社区内有一部分老人就是在这里遇到了自己的老乡，也就建立起了这层"地缘"的关系，他们通过得到老乡的关照和同样给予对方关照来保持关系，使双方都能得到寄托。这种类型的老人进行"抱团养老"模式，将可以起到互补和增进团体关系的作用，是有益的条件。

（三）以"业缘"抱团

在人际关系中，"业缘"的意义较大，这里的"业缘"指的是因事业而结缘，可以理解为人们通过事业上的相互往来、交流沟通提升人际关系，在西船社区的空巢老人中，有一部分老人就是曾经的同事或者上下级关系，他们在工作中相识且相熟。这类老人在抱团养老中可以依靠曾经事业的基础来友好相处，他们有相似的工作经历，而且在能力上也可以相互补充，不容易出现纷争，能够以大家易于接受的方式处理矛盾。抱团养老其实就类似于集体工作的延伸，长久以来养成的工作习惯也使得他们容易接受这样的集体式抱团养老生活。

（四）以"志趣"抱团

孔子在《论语·卫灵公》中就提到："道不同，不相为谋。"西船社区空巢老人们在常年的工作生活中会自行联结在一起，在平常大量的休闲时间里他们都会聚在一起娱乐，联系和往来都比较密切，而且共同的兴趣爱好也使他们能够更容易接受这样的团体相处方式。团体对于老人们是一个可以满足娱乐需求的归属，因此，在"抱团养老"模式中，老人们因志趣而抱团，将共同的志趣活动上升至生活层面，使得成员们乐于成团，成团至乐。

（五）以其他条件来抱团

除了上述几种"缘"，社工在其中同样也可以对该模式进行扩展运用，通过对社区内空巢老人进行"可抱团"预期的评估，可以将社区空巢老人进行"搭桥式"的链接，把具备一定相似性和可融合性的空巢老人进行抱团，这样，即使这些空巢老人过去未曾结缘，但他们仍具备着"单位社区、职工社区"这些大的相似工作与生活背景条件，在社工的帮助引导下也可以结成团，从而使该模式可以不拘于固有关系网，具有可变的、灵活操作的成长性质。

综上所述，抱团养老模式主要是以社会圈子等理论作为支撑，通过"亲缘、地缘、业缘和志趣"等几种条件，来为社区内空巢老人搭建一个拥有共同兴趣爱好，因同质性而结成的圈子。此模式主要依靠成员之间的相互帮助、相互扶持，而共同得到心理慰藉，实现生活上和精神上的互助。其次，社工的介入主要是对该圈内的老人们进行建档和开展小组，并负责协助活动和跟进他们的情况，做成记录。还要链接政府的政策和资金支持，社区及第三方资源的搭线及志愿者队伍的组织工作，以政府、社区、愿者团队和志医院等第三方机构，来对"抱团养老"的老人们提供服务。"抱团养老"模式主要依靠老人自身开展，社工更多的是发挥前期的引导组织作用，在后期进行跟进。本章以"单位制"社区空巢老人"抱团养老"模式为出发点，为解决我国养老方面的问题提供一条可选模式。

第五节 结　　语

养老问题是"十三五"规划中的重要问题，城市空巢老人的养老问题具有复杂性与特殊性，需要国家、社会与个人共同的努力来解决。本章根据社会工作的理论和方法，以柳州市西船社区空巢老人为例，研究了城市"单位制小区"的空巢老人的养老模式及其养老状况，从生活照料、医疗护理、社会支持和精神慰藉几个方面的需求满足上，着重研究了西船社区的"抱团养老"模式嵌入问题。研究发现，中国的差序格局对目前的西船社区依然起到了重要的作用，因此，"抱团养老"模式对西船社区这类"单位制小区"的空巢老人养老问题将能发挥较好的养老作用。本章通过研究其他学者相关方面的研究以及对西船社区的实地调查，总结出了一些建议和不足之处：

第一，完善城市空巢老人的生活照料体系。子女与配偶是城市空巢老人生活照料的最主要提供者，而随着子女赡养功能的缺失和配偶的身体功能老化，空巢老人在居家养老中将面临逐渐增大的困难。因而就需要用"抱团养老"的模式把生活照料上的内容分担到每位成员身上，空巢老人在其中既需要承担这样的义务，同时又是这种权利的享受者。

第二，重视城市空巢老人的精神慰藉体系。根据研究，城市空巢老人在精神慰藉上的需求极为迫切，目前其他养老模式在这方面均呈现出难以满足他们需求的状况。而在"抱团养老"模式中，通过老人之间的相互关怀，成员彼此间诉说和倾听对方的心声，来填补家庭养老中子女心理慰藉的缺失，并且成员间所具有的"同质性"也更有益于空巢老人们敞开心扉，相互扶持。

第三，建立城市空巢老人的医疗守护体系。空巢老人生病后面临着守护难的问题，有配偶的空巢老人生病时，其老伴不仅要排队买药、询问细项，还得经常守护在病床边，负责吃饭、洗漱、换衣和缴费等事情，将会增大配偶的压力，同时也容易使病者产生自责的不良情绪，有配偶尚且如此不容易，对丧偶的空巢老人则更为艰难。在"抱团养老"模式中，通过成员间轮流照顾的协作方式，将一个人的压力分担给大家，这样可以较好地解决每位成员生病时的医疗守护问题。

第四，加强城市空巢老人的社会支持体系。在此次调查研究中，除了家人的支持外，城市空巢老人养老问题的建设还需要多方资源来支持。中国的"90、7、3"模式显现出居家养老在社会养老中占了极大的比重，而与之关系最密切的莫过于社区资源。在今后的养老工作中，社区在城市空巢老人生活质量的提高上将会具备巨大潜力，加快和加强社区居家养老服务建设意义重大。而政府在政策、资金上的引导与支持也会密切关系到城市空巢老人的养老服务建设水平。社会中的第三方机构及社会团体的建设也将直接影响养老工作中的服务水平，志愿者团队的统筹管理与"时间银行"式的服务体系建设，对城市空巢老人的义务服务也会影响深远。海伦·克拉克认为当代社会工作者需要具备更加专业的技能和专业的想法，以不断地自我完善和为社会问题提供更好的解决途径，将社工理念真正惠及到社会。本研究正是希望社工通过"抱团养老"模式，首先建立起老人互助与自助的前提，既可以较好地解决城市空巢老人养老方面的需求问题，又能减少政府、社区、机构、社会团体和志愿者组织的物力、财力和人力，使这些社会资源能跳出原有的泥潭，为重新注入到城市空巢老人的养老问题中打下良好基础，实现双向良性循环的局面。

本章以柳州市西船社区为研究地点，柳州市是一个传统的工业城市，该市区域内出现了许多工厂，这些工厂内又产生了一个个职工宿舍区，职工们最主要的活动地点便是这样的单位制小区。这些居民因多种原因形成不同的小群体，有些是因为亲缘关系，有些是因工作的原因，还有些是因为志趣相投以及同为老乡。在这种工业城市的地域背景下，又加上小群体的关系，在西船社区实行"抱团养老"模式便具有了很大的可行性，社区空巢老人可以通过"亲缘、地缘、业缘和志趣"等条件进行抱团，再根据原有的在同个城市居住生活的背景，以相似的优势条件来增进固有的感情基础及人际关系，有利于在西船社区的空巢老人中实现"抱团养老"模式。

本研究因时间、精力和个人能力有限使得研究的成果存在了一定的缺陷与不足，

"抱团养老"模式也未能在西船社区真正开始实施,这些问题对笔者来说是一种遗憾。然而研究虽已结束,笔者仍希望以后能继续发掘新的知识来对其进行补充和完善,希望将来能够将此模式真正付诸于实践,使"抱团养老"模式得以发扬,最终为我国养老事业做出贡献。

参考文献

[1] 丁方,翟晓祯,何林峰,史煜坤,田猛. 我国养老模式研究综述 [J]. 中国市场,2014.

[2] 李中秋. 中国人口老龄化背景下的多元化养老模式研究 [D]. 西南财经大学,2013.

[3] 曹煜玲. 中国城市养老服务体系研究 [D]. 东北财经大学,2011.

[4] Helen. I. Clarke. Social Work Today[M].University of North Carolina Press,2011.

[5] 李文君. 城市老年人养老服务需求及洛阳市养老机构的分析 [J]. 中国老年学杂志,2011.

[6] 扬智慧. 完善我国居家养老服务网络体系 [D]. 西南财经大学,2013.

[7] 李宇嘉. 莫让"以房养老"框死住房养老功能 [N]. 华夏时报,2014.

[8] 甘满堂,娄晓晓,刘早秀. 互助养老理念的实践模式与推进机制 [J]. 重庆工商大学学报(社会科学版),2014.

[9] 甘满堂,邱玮,吴家玲. 老年协会办食堂与农村社区居家养老服务创新——以福建省南安市金山村为例 [J]. 社会福利(理论版),2014.

[10] 陈静,江海霞. "互助"与"自助":老年社会工作视角下"互助养老"模式探析 [J]. 北京青年政治学院学报,2013.

[11] 喻美玲,赵敏,刘颜妍,杜季达. 以老助老居家养老新模式的研究——以北京市H社区为例 [J]. 劳动保障世界(理论版),2013.

[12] 孙文华,陈建国. "低龄老龄化"形势下"以老养老"的机构养老发展模式——针对上海市的实证研究 [J]. 城市发展研究,2013.

[13] 郝景亚. 徐州市机构养老资源配置状况调查分析 [J]. 淮海工学院学报(人

文社会科学版），2015.

[14] 刘辛. 北京市海淀区社区养老服务问题的调查研究 [J]. 劳动保障世界（理论版），2010.

[15] 瞿蓓. 关于"空巢"老人研究的文献综述 [J]. 边疆经济与文化，2008.

[16] Walker, Alan. Conmunity Care: The Family, the State and Social Policy[J]. London: Basil Blackwell, 2000.

[17] Paul. C. Glick. The Family Cycle[M]. American Sociologist, 1947.

[18] 李仲文. 知青互助养老——40年后再吃大锅饭 [J]. 金秋，2015.

[19] 寇士奇. 抱团养老QQ群 [J]. 金秋，2014.

[20] 王伟进. 互助养老的模式类型与现实困境 [J]. 行政管理改革，2015.

[21] 宋华西. 我国新型老年公寓发展路径与对策探析 [J]. 鲁东大学学报（哲学社会科学版），2013.

[22] 任思蒙. 城市空巢老人社区养老的问题与对策研究 [D]. 渤海大学，2014.

[23] 林宝. 养老模式转变的基本趋势及我国养老模式的选择 [J]. 广西社会科学，2010.

[24] 张连民，张益刚. 我国老年人权益保障的现状、问题与对策——以日照市为例 [J]. 城市发展研究，2011.

[25] 肖结红. 空巢老人问题探析 [J]. 巢湖学院学报，2006.

[26] 张彦青. 人口老龄化背景下我国老年社会保障中政府责任定位研究 [D]. 河南大学，2011.

[27] 刘辛. 北京市海淀区社区养老服务问题的调查研究 [J]. 劳动保障世界（理论版），2010.

第七章　异乡家乡：流动农民工子女的城市融入研究

在"发展社会工作，创新社会治理"的时代要求下，结合共青团中央开展的"青少年权益工作创新"试点工作要求，以社会工作专业方法介入，利用SPSS21.0进行数据统计分析，分析家庭、学校、社会等方面对流动农民工子女的成长所产生的影响。研究发现，流动农民工子女的成长面临着父母的关心不足、学校重视程度欠缺、同学的孤立等不良因素。这些问题的存在对流动农民工子女的成长产生深远的影响，使他们的身心健康遭受侵害，导致性格孤僻内向，甚至遭受家庭（冷）暴力、人格歧视、被同学排斥，并由此引发更多的社会暴力问题。

2015年3月上旬，柳州团市委开展关于"新柳州人成长计划"的项目，并从柳州市各个城区选择学校作为试点，其中柳州市ZE小学被作为其中的一个试点学校，笔者作为此试点学校的项目成员，参加了本项目的一系列活动。本次试点项目以社会工作为专业视角，秉持"助人自助"的服务理念，通过专业的社会工作介入策略——小组工作、个案工作、访谈等，整合学校、家庭、社会的各项资源，满足流动农民工子女对于发展的需求，并针对家庭、学校、社会和法律四个层面，提出对策性的建议。开展亲职活动，营造良好的家庭氛围；优化校园成长环境，逐渐形成以人为本的教育体系；合理利用社会资源，拓展权益，保障服务渠道；完善法律法规，构建更为完善的法律保障体系，从而为流动农民工子女的城市融入构建完善的网络体系，更好地发掘自身潜能，更好地融入城市化进程，进而为农民工子女的身心健康提供实践性的建议。

第七章　异乡家乡：流动农民工子女的城市融入研究

第一节　绪　论

一、问题的起源

随着我国经济的飞速发展，城市化进程不断加快，20世纪90年代至今，出现了具有政治意义的"民工潮"。虽然近年来，"民工潮"的声势有所减小，但是这横跨近三十年的人口大规模流动现象，依旧对我国的经济发展产生了巨大的影响。越来越多的农民工融入城市，在他们的努力之下，极大地推动了城市化进程，为城市人口注入新鲜的血液。农民工在为城市发展带来推动力的同时，却很少能够享受到自己努力所带来的成果，究其原因就是现行的法律体制对农民工的权益保护不足，因而也导致农民工对迁入地的城市融入感不足。由于城市所能提供的资源有限，农民工及其家庭在向城市索取自身需求的物质的时候，经常遭受不公平待遇，进而激化了本地人与农民工之间的矛盾。默顿的社会失范理论认为，由于社会结构不合理的限制，社会底层的人缺乏通往成功的途径，该群体即使再努力也无法实现社会一致公认的成功目标。

20世纪90年代以来，人口流动除了在规模上不断形成"倒V"型变化，流动的结构也发生了剧烈的变化，开始从"单身型流动"转变为"家庭型流动"，而城市中也开始产生了农民工流动子女这一特殊的群体。

柳州市位于广西壮族自治区中北部，"三江环河，抱城如壶"，故称"壶城"，唐代著名诗人柳宗元曾官终柳州，称柳柳州，柳州因此得名。柳州是广西最大的生态工业城市，工业产值居广西首位，占广西工业总产值的1/4，被温家宝赞誉为"山清水秀地干净"。因工业发展的需要，柳州企业提供了大量的工作岗位，加之优越的环境优势，吸引了众多的外来农民工。外来农民工具有高度的流动性特点，他们的子女也随之不断变换生活和学习环境，如蒲公英一般四处漂泊，而这些对他们的成长所产生的影响是不容忽视的。

柳州市ZE小学位于柳州市柳南区，柳南区是柳州市商贸最发达、市场最集中的城区，是柳州市最主要的商贸中心。因为特殊的商业圈位置，其外来农民工的聚集量也是最多的。柳州市 ZE 小学的前身为一所农民工子弟学校，后来逐渐转变为政府主办的公立小学，学校的主体是农民工子女。由于农民工自身所承担的生活压力比较大，平日忙于工作，极少有时间与子女沟通，造成亲子关系的隔阂。而外来农民工子女本身也存在与这座城市格格不入的地方，他们性格孤僻内向，长期遭受家庭（冷）暴力、人格歧视，被学生排斥。如何加强亲子之间的沟通交流？如何增强其与老师、同学之间的互动？如何建立与他人良好的关系？又如何在项目结束后，实现他们的"助人自助"？满足他们对爱和归属感的需求，增强他们对城市的归属感，提升学校的规范化管理，努力营造"五美五好"新柳州的形象，这些都是我们亟需思考和解决的问题。

二、研究的意义

（一）理论意义

笔者通过对柳州市 ZE 小学三、四、五年级的学生进行问卷调查研究，从社会工作专业视角进行理论分析，正确认识流动农民工子女不良的生活状况所展现出来的现实问题，以社会工作的工作方法（小组工作、个案工作）和社会工作的专业服务理念（助人自助），不断探讨流动农民工子女对城市融入感建设的工作，构建更为完备的服务网络，为其营造和谐安定的成长环境，预防和减少流动农民工子女因现实问题所产生的不良情绪，为流动农民工子女健康成长保驾护航。这对于完善社会工作理论，创新社会工作的工作方式和方法，促进社会工作的本土化，提升社会大众对社会工作的认识和理解具有重要的理论意义。

（二）现实意义

在十六届六中全会上，党中央提出："建设宏大的社会工作人才队伍，造就一支结构合理、素质优良的社会工作人才队伍，是构建社会主义和谐社会的迫切需要。"党中央、国务院的高度重视和明确要求，不仅为我国社会工作人才的发展提供了广阔前景，也对我国社会工作人才的培养指明了方向。本章以优势视角为理论视角，探析流动农民工子女这一特殊群体的城市融入现状，针对其存在的问题，提出构建流动农民工子女城市融入的方式。这对于解决社会工作的专业发展障碍，提升社会工作的认知度及创新社会治理体系具有积极的作用。同时，这对于社会关注流动农民工子女的生活状态具有积极意义，对流动农民工子女的正常发展和城市融入有重要的现实意义，同时对于加快建成柳州"五美五好"的城市形象，推进实现"中国梦"的进程也具有重要的现实意义。

三、研究思路及方法

（一）研究思路

本研究前期以访谈为主，收集相关的基本信息资料，并根据问卷调查设计相对应的问卷，收集柳州市 ZE 小学三、四、五年级的学生生活现状的材料，运用 SPSS21.0 进行数据统计分析；中期开展与问题相对应的团体活动、小组活动、个案活动；后期通过访谈的方式对成果进行后测评估。以流动农民工子女的学习生活状况为主线，涵盖自身、家庭、学校、社会四个部分，透过现象剖析问题的本质。在柳州市团市委及校方的积极配合下，小组成员运用社会工作的专业知识，充分发挥社会工作者自身的社会功能，积极整合各项资源，构建完善的服务网络，优化流动农民工子女的成长环境，保护其合法权益，改善亲子关系，提高自我效能感，增强对城市的融入感，从而为流动农民工子女的健康成长保驾护航。

（二）研究方法

1. 个案访谈法

为充分了解流动农民工子女所面临的困境，以便对流动农民工做出详尽的调查，了解其真实需求。在问卷设计之前，运用社会工作的沟通技巧（尊重、真诚、同理心等），先对教师、父母、学生进行个案访谈，掌握第一手资料，并对资料进行整理分析，为设计问卷打好基础。

2. 问卷调查法

为对问题进行详尽的描述，充分了解流动农民工子女问题产生的根源，了解他们的真实需求，本研究结合个案访谈的资料设计问卷。由于考虑到学生对于问卷的理解能力以及对学校的借鉴意义，我们对柳州市 ZE 小学三、四、五年级的学生发放问卷，并录入系统，运用 SPSS21.0 进行数据分析。

3. 文献研究法

本章查阅了近年来我国政府及相关部门对于流动农民工子女关注的文献和文件，结合柳州市的具体情况，与之前所做的个案访谈和问卷调查的结果进行综合分析，最终得出本章的结论。

四、研究的理论基础

1. 优势视角

"优势视角"是一种关注人内在潜能和优势资源的视角，即把人们及其环境中的资源和优势作为社会工作助人中所关注的焦点。

流动农民工子女在面临新的环境的时候，由于不能正确处理好对环境的适应，以至于产生一些不安的心理及外化行为，不能很好地适应社会。因此会造成同辈群体对他们的疏离，不利于他们尽快融入社会生活。"优势视角"强调激发案主自身及周围环境的潜能和优势，注重案主的自我纠正能力，充分发挥案主优势，实现其成长目标。

2. 社会学习理论

班杜拉的社会学习理论认为行为是个人因素和环境因素交互作用的结果。人们仅通过观察他人（榜样）行为便能学会某种行为，如果个体的某种行为得到强化，那么个体就会将这种行为表现出来。因而，本章运用社会学习理论来分析流动农民工子女所面临的问题，通过社会工作方法介入，对其不良心理和不良行为进行疏导和纠正，为流动农民工子女营造良好的成长环境。

3. 社会支持网络

社会支持网络强调以人在情境中为基础，提供立即性协助，致力于弥补正式服务资源的不足，提供网络中个人的助人机会和相关训练，包括正式支持网络和非正式支持网络。正式支持来自各种制度性的支持，非正式支持主要来自朋友、家人和非正式组织的支持。若要保护流动农民工子女的合法权益，增强其自适应能力，则急需完善其社会支持网络。

第二节 资料收集

一、问卷的设计

在问卷设计过程中,参考《中华人民共和国未成年人保护法》,结合个案访谈情况,经反复斟酌和修正,从流动农民工子女的基本信息、自我认识、亲子关系、人际交往、学习情况和城市文化生活融入这六个方面设计问题,共32题,其中封闭式提问30题,开放式提问2题,基本信息板块(以表格的形式)包含流动农民工子女的个人和家庭信息;自我认识板块(5题)包含了流动农民工子女对自身的评价以及近来自身情绪的情况;亲子关系板块(6题)包含流动农民工子女与父母的关系情况;人际交往板块(6题)包含流动农民工子女在人际交往中所产生的看法;学习情况板块(7题)包含流动农民工子女在学习方面的能力、动力;城市文化融入板块(8题)包含流动农民工子女对于城市的归属感和文化认同感。

二、抽样调查

项目组员主要调查了柳州市柳南区ZE小学三、四、五年级12个班级的学生,共发放问卷720份,收回问卷680份,综合回收率94.5%,经人工剔除无效问卷后,其中有效问卷为616份,有效回收率为90.5%,有效回收率高,样本代表性强。经数据统计得出,该样本中男女比例分别为53.8%和46.2%,比例较均衡。在籍贯分布上,柳州本地占32.9%,广西区内柳州外占50.7%,广西区外占16.4%,比较符合柳州市柳南区的人口分布结构特点(外来人口占大多数)。

表7-1 问卷回收情况

年级	发放问卷(份)	回收有效问卷(份)	有效回收率
三年级	180	179	99.4%
四年级	240	171	71.3%
五年级	300	266	88.7%
合计	720	616	85.5%

第三节　柳州市流动农民工子女的城市融入现状

一、对学校的融入感方面

学校是学生成长最主要的场所，他们在与同伴的交流中逐渐完成其社会化的过程，学校是其社会化的主要场所。流动农民工子女随父母迁徙到新的城市，面临全新的生活环境，有些是在学龄期迁入柳州的，在迁入之前已经形成了对之前环境的思维定式，当来到新的学习环境的时候，一切都要重新开始，特别是占平时生活绝大部分的学校生活，在改变的过程中，势必会存在适应性的问题。

表 7-2　和同学一起玩的地域情况

籍贯		和同学一起玩的意愿					合计
		非常愿意	愿意	不愿意	非常不愿意	无所谓	
籍贯	柳州	84	98	4	1	11	198
	区内柳州外	140	142	4	0	20	306
	区外	49	40	4	0	5	98
合计		273	280	12	1	36	602

$\gamma = -0.066$，$Sig=0.304$

表 7-2 的分析结果表明，有序等级相关系数是 -0.066，显著性水平是 0.304，大于 0.05，说明籍贯对是否愿意和同学一起玩的态度的负相关在总体上是不显著的。这从一定程度上说明，当外来农民工子女迁入到新的学习环境的时候，在"和同学一起玩的意愿"这一等级相关分析结果上呈现出一定的偏离态势，表明外来农民工子女在内心深处抵触与本城市的同学的交往，有产生"自我孤立"现象的可能性。

学生访谈 1：

问：你喜欢这个学校么？

答：挺喜欢这个学校的，因为我在这里认识了很多同学，也交了很多朋友。

问：和班上的同学相处得好吗？喜不喜欢老师啊？

答：还好，老师太凶了，有点怕她。

问：你觉得现在学习紧张吗？压力大吗？爸妈对你的学习成绩有什么要求吗？

答：还行吧，就是作业比较多，爸爸每天早出晚归，很少过问我学习上的情况。

问：你有什么兴趣爱好吗？

答：我喜欢去玩，因为和朋友一起玩很开心。

学生访谈2：

问：你喜欢这个学校吗？和班上的同学相处得好吗？在学校有好朋友吗？

答：我很喜欢这个学校，因为我可以在这里学习和玩耍，在这里我也认识了很多朋友。

问：如果学校组织参观柳州市的风景或博物馆，你会参加吗？为什么？

答：会，因为我可以去玩，还可以看到柳州的美景。

问：如果组织一些趣味性的小组游戏，你会参加吗？如果参加，你希望在游戏中学到什么或得到什么？

答：会，我希望游戏可以很好玩，然后认识新朋友，最后还有奖品。

问：你觉得，爸爸妈妈在你的成长过程中起到什么作用？

答：妈妈经常监督我学习。

从以上访谈可以看出，流动农民工子女在对学校的认知中表现出"喜欢"，喜欢的理由是"可以和朋友一起玩"、"可以交到新的朋友"，他们自身对于柳州也是比较喜欢的，表示"会跟随学校去参加参观柳州景点的活动"，对于爸妈对自己的管教也表示很认可，有些则表现出有些逆反，但是总体上还是比较"理解父母"的。

表7-3的分析结果表明，有序等级相关系数是0.387，显著性水平是0.002，显著小于0.05，说明是否是本地人对和同学一起玩的态度的负相关在总体上是显著的。因而可以反映出，籍贯对于城市感的融入有显著差异，另外有近7.8%的外地学生不会参加学校组织的参观柳州风景或博物馆的活动，表明他们的城市归属感不强。另

外，从柳州外的流动农民工子女对于"学校组织参观柳州会去吗"这一问题的回答上，有89.9%的外来农民工子女选择愿意去，表明近九成的流动农民工子女对于柳州这座城市"很喜欢"，内心有迫切想要成为城市一员的强烈愿望，只是可能由于自身条件的限制或环境所提供的平台不足而造成自身缺乏城市融入的情感寄托或渠道，因而在外化的行为中显得十分"被动"。

表7-3 学校组织参观柳州的地点

籍贯		学校组织参观柳州的地点		合计
		会	不会	
籍贯	柳州	192	6	198
	区内柳州外	274	30	304
	区外	88	11	99
合计		554	47	601

γ=0.387，Sig=0.002

二、朋辈活动方面

朋友是小孩子社会化过程中最主要的部分，起着至关重要的作用，这在流动农民工子女身上体现得尤为明显。流动农民工子女迁入新的生活环境，之前自己已经建立的独有的"朋友圈"遭到破坏，但是出于内心"爱和归属的需要"，又必须建立新的"朋友圈"，而这个"朋友圈"绝大多数由自己的同学组成。

表7-4 和同学一起玩的意愿

		频率	百分比	有效百分比	累积百分比
有效	非常愿意	278	45.1%	45.4%	45.4%
	愿意	285	46.3%	46.5%	91.8%
	不愿意	12	1.9%	2.0%	93.8%
	非常不愿意	1	0.2%	0.2%	94.0%
	无所谓	37	6.0%	6.0%	100.0%
	合计	613	99.5%	100.0%	
缺失	6.00	3	0.5%		
合计		616	100.0%		

在"和同学一起玩的意愿"这一问题上，有近10%的学生倾向于不愿意、非常不愿意或无所谓，说明有同学对于和同学一起玩存在排斥的情况，而且占到了近10%，说明他们的朋辈群体并不是很和谐。值得欣慰的是，有近九成的同学"非常愿意"和"愿意"和同学一起玩，表明绝大多数的同学对于参加朋辈活动有积极的倾向。

三、亲职教育方面

家庭在流动农民工子女的城市融入中扮演着重要且不可被替代的角色，因而，家庭关系的和谐程度，是关系到流动农民工子女在新的成长环境中能否更加健康成长的关键因素。蒋月、韩珺主张用亲权和监护相结合的方式解决未成年的保护和教养问题，以更好地保护未成年人的权益。因而，加强家庭对流动农民工子女的监护，营造良好的家庭教育环境，对于促进流动农民工子女的健康成长具有积极作用。

在表7-5中，69%的家长会耐心教导，37.6%的家长会随便说几句，22.1%的家长会选择打骂的方式解决，7.8%的家长选择不管。"打骂"和"不管"这些不正确的教育方式，严重影响孩子们的身心健康，导致其对家庭产生信任危机，安全感下降。社会学习理论认为，流动农民工子女通过观察学习，较易从父母那里习得并形成不良的行为方式，导致认知偏差和越轨行为的产生，从而影响流动农民工子女的健康成长。另外，69%的家长会选择耐心教导，也说明大部分家长在对孩子的教育中还是懂得运用比较合理的方式，这对孩子的健康成长也会产生积极的影响。

表7-5 犯错误时父母如何处理

	家长会采取的措施	频率	百分比
有效	耐心教导	425	69%
	随便说几句	170	27.6%
	打骂	136	22.1%
	不管	48	7.8%
	合计	613	
缺失	系统	3	0.5%
合计		616	

四、自我能力发掘方面

流动农民工子女在城市融入的过程中，不仅仅要把责任归于外在客观因素，也要考虑内在的主观因素，有些流动农民工子女对于城市融入的动力不足，内在感受差，对于城市融入存在"事不关己"的轻视态度，不去学习如何良好地融入到城市发展中去，而是一味地抱怨生活的不公，不去发掘自身的潜能。

统计分析发现（见图7-6），流动农民工子女对自身状况的评价较低，对自己能力的满意程度较低。有55%的学生对自己的能力感觉一般，只有10.9%和29.2%对自己的能力十分满意或满意，另外仍有3.6%的学生对自己的能力不满意或很不满意，由此可以看出流动农民工子女对于自身的极度不自信，他们感觉外在环境总是对自己不认可，最典型的就是因为家境的差异而产生"别人会看不起我"的错误认知，这会进一步影响到他们对于城市融入的信心。

表7-6 对自己能力的满意程度

		频率	百分比	有效百分比	累积百分比
有效	十分满意	67	10.9%	11.0%	11.0%
	满意	180	29.2%	29.6%	40.6%
	一般	339	55.0%	55.8%	96.4%
	不满意	16	2.6%	2.6%	99.0%
	很不满意	6	1.0%	1.0%	100.0%
	合计	608	98.7%	100.0%	
缺失	6.00	8	1.3%		
合计		616	100.0%		

五、优势视角理论下流动农民工子女的优势发掘

"优势视角"是一种关注人内在潜能和优势资源的视角，即把人们及其环境中的资源和优势作为社会工作助人中所关注的焦点。

流动农民工子女在面临新的环境的时候，由于不能正确处理好对环境的适应，以至于产生一些不安的心理及外化行为，不能很好地适应社会，因此，会造成同辈群体对他们的疏离，不利于他们尽快融入社会生活，同时他们自身又有强烈的集体融入意识。"优势视角"理论强调激发案主自身及周围环境的潜能和优势，注重案主的自我纠正能力，充分发挥案主优势，实现其成长目标。

以下从自身、朋辈、家庭、学校四个方面对流动农民在对城市融入过程中存在的优势进行分析：

1. **自身方面**

流动农民工子女自身作为城市融入的主体，在城市融入感的培养上有着最主要的作用，很多孩子自己只是一味地抱怨周围环境对自己的不友善，并没有从根本上形成对自己的正确认识，自我认知动力不足，一味地依赖外部环境的改变。

> 学生P：虽然我来自外地，但是很喜欢和本地的同学一起玩，每次和他们一起玩都非常开心，但是有时候害怕他们不和自己玩。

> 学生F：我也不是本地人，跟爸妈一起来这里，家里不怎么有钱，自己也经常和同学一起玩，但是害怕同学会嘲笑我家没有钱，看不起我。

可以看出，一部分外来农民工子女给自己贴上这样那样抗拒的标签，但是内心又是非常愿意融入到学校这个大集体中的，自身对城市融入有很强的内驱力，有些已经适应了在柳州的生活，还有的甚至会讲一些本地的方言，但是仍有部分孩子存在很多的顾虑，最典型的就是因为家境的差异而产生"别人会看不起我"的错误认知，所以，需要流动农民工子女能够抛开"思想包袱"，增强自主面对困境的内驱力。

2. **朋辈方面**

朋辈作为孩子成长最需要的部分，在其社会化的过程中扮演着重要的角色。从访谈结果来看，很多孩子都很喜欢和同学一起玩，对与同学一起参加学校组织的活动也会有很大的积极性，与同伴交流的内驱力很强，这在一定程度上可以促进他们之间的内心交流，实现他们的社会化过程，更好地实现对学校的归属感和认同感，同时有助于城市融入感的加深。

3. **家庭方面**

家庭作为流动农民工子女除了学校之外活动最多的场所，不仅仅提供外在居所，还因父母这一特殊关系，形成了独特的"心理居所"，因而，家庭教育对孩子成长的方向有至关重要的作用。

学生 L 的家长：孩子挺外向的，就是学习自觉性差，由于学校发作业的时间比较晚，家长在监督的时候比较困难。

学生 S 的家长：孩子是跟爷爷奶奶生活，从小父母双亡，所以孩子性格比较内向、害羞，身材又胖，很不自信，老是和爷爷奶奶顶嘴，学习成绩也很一般。

学生 H 的家长：孩子已经完全适应了这边的生活，还会讲一些本地的方言，父母离婚对孩子影响挺大的，现在是妈妈和外婆一起抚养孩子，经济负担较重，希望可以有一些针对单亲贫困家庭的优惠政策，家里对孩子期望很高，希望孩子能够更加开朗。

从这三个家访来看，家长对孩子变得更好的期望是存在的，但是有时候期望过高，让孩子存在一定的心理压力，孩子在压力之下，更难很好地成长。有些家长会为孩子提供优良的成长环境，这是孩子能够顺利融入城市的优势基础。有些孩子"对现在的生活环境已经形成了很强的适应力，已经适应了在柳州的生活"，还有的甚至"会讲一些本地的方言"，孩子对于家长对自己的严格管教多数表示认同，认为"父母管教严厉是为自己好，也会听从家长的话"。

4. 学校方面

学校作为流动农民工子女成长的主要环境，承担着重要的责任，不仅在其成长发展过程中提供学习环境，而且还提供生活环境，因而学校不能只强调知识上的教育，还应注重对学生身心素质的教育。

访谈老师 G：

问：你在这所学校任职多久了，对学校的发展有什么看法？针对发展中存在的困难，学校是如何解决的？你觉得学校在硬件设施中还有哪些急需改进的？

答：在学校任职 3 年了，学校发展得挺不错，学校还是很注重解决发展中存在的问题的，多媒体比较少。

问：农民工子女在这个学校的比例大概占多少？这些学生多是哪些地

方的人？学校现在对于这类学生有什么优惠政策吗？

答：80%左右吧。湖南啊、柳江县啊都挺多的，现在没有什么优惠政策。

问：学校有开展活动来培养学生在德智体美等方面的能力吗？如奖励、比赛、才艺表演等。

答：有的，比如我们有跳绳比赛、运动会、踢毽子比赛等。

问：是否设有一些奖励措施帮助学生缓解家庭压力？学校是否开设心理健康教育课程来疏导学生的压力？

答：没有。

问：这些学生与班上的同学关系怎样？有没有矛盾和摩擦？他们平时上课的表现怎么样？成绩大概处于一个什么样的阶段？

答：大部分关系还是挺好的，有一些比较调皮的就经常打闹，但比较少，都是一些小事，大的摩擦没见有，成绩有好有坏，差的、不及格的都有，好的也有80分、90分。

问：你觉得父母在孩子成长过程中起到什么作用？

答：父母其实起得作用挺大的，但是他们都觉得来到学校就是老师的事情了，所以很多家长都不怎么过问孩子的情况。

从对老师的访谈来看，流动农民工子女在学校并不存在优惠或者歧视，"都是一视同仁"，并没有因为地域产生不一样的对待方式。学生大部分关系还是挺好的，学校的课外活动也比较多，便于促进学生之间的交流。学校对于心理辅导课程的开设较为缺失。

第四节　解决流动农民工子女城市融入感建立的对策和建议

根据数据资料分析而设计相应的实施方案，开展相应的有助于促进流动农民工子女的城市融入感建设的活动，但是对于流动农民工子女的城市融入感建设的问题绝不仅仅是社工的责任，还需要案主自身能够投入到这一事关自己健康成长的事业中去，发掘自身及其周围的资源，实现"助人自助"的目标，促进流动农民工子女提升城市融入感，能够尽快适应城市生活。经过近一年的项目研究实施，笔者认为仅仅依靠社工单方面的努力是远远不够的，还需要案主自身及其社会环境一起共同提供相应的帮助。笔者针对流动农民工子女外部良好成长环境的构建，分别从自身、朋辈、学校、家庭、社区几个方面提出以下对策和建议。

一、自身方面 —— 纠正不良意识，发掘自身资源

流动农民工子女作为项目的主体部分，虽然他们尚处于懵懂无知的阶段，但是他们在自身的城市融入中占据着主导作用，其真实感受也反映了他们对于城市融入的感触和内心的变化。因而，他们自身的改变对他们的城市融入起着最重要的作用。

意识在融入城市生活的过程中起着关键作用，研究发现，他们中的多数人没有把自己当作城市发展的一部分，而是只把自己当作这个城市的过客，群体融入感缺乏，认为城市的发展与自己无关，正是这种错误意识占据着主导位置，才使他们在内心深处排斥自己对于城市融入感的建设。因而，流动农民工子女自身必须要树立正确的城市发展意识，把自己当作城市建设的一员。为此，我们开展小组活动系列之"成长教育 —— 天生我材"，其目的就在于提升案主对自身的认识，增强自信心和勇气，充分发掘自身所具有的能力和特长，以及如何利用自己的特长助力城市建设。

二、朋辈方面 —— 同伴教育，朋辈共舞

流动农民工子女迁入新的生活环境，之前他们已经建立的自己独有的"朋友圈"遭到破坏，但是出于内心"爱和归属的需要"，需要建立新的"朋友圈"，而这个"朋友圈"绝大多数由自己的同学组成。首先，流动农民工子女必须牢固树立正确的朋友观，笔者在项目进程中发现很多案主对朋友的理解有错误的认识：有的案主认为一起打闹的就是好朋友，有的案主认为自己没有好朋友，有的案主认为朋友有没有都不重要。正是这些错误的交往观念，导致他们没有拥有友情或者说并没有拥有正确的友情。因此，必须对他们进行同伴教育，促使其树立正确的朋友观念，实现共赢。在开展小组活动系列之"播种新希望 —— 书香 ZE，以梦为马"的活动时，通过赠送青少年励志读物，丰富他们的课外阅读生活，同时成立读书学习互助小组，实现读物之间的资源共享，并把组织常规化，真正实现"助人自助"。

三、学校方面——优化环境，以人为本

学校应积极注重素质教育，加强校园安全教育和心理健康辅导，优化校园及其周边成长环境，注重实效，而不能只流于形式。学校应牢固树立"以人为本"的教学理念，注重挖掘学生的潜能，培养适合现代社会发展趋势的创新型人才。学校应设置专门的咨询点和热线电话，让学生能够找到问题的解决途径。社会学习理论认为，流动农民工子女受同辈群体的影响很大，良好的教育环境有利于流动农民工子女全面发展。因而，构建良好的学校教育环境在满足流动农民工子女的发展需求、保护流动农民工子女受教育的权益以及促进城市融入感建设等方面具有重要意义。所以，学校应加强校园文化环境的建设，创造友爱和谐的校园环境，充分体现人文精神，让学生在和谐友爱的环境中学有所成。

四、家庭方面——亲职教育，和谐家庭

家庭作为流动农民工子女成长的又一主要物质空间和精神空间，对他们的城市融入感建设也起着举足轻重的作用，只有和谐友爱的家庭教育才能催发和谐家庭的建设，家庭矛盾的减少，也必将有助于对城市融入感的提升。

因而，社会工作机构可通过承接各项社会服务，在社会支持网络理论的指导下，筹集各种社会资源，构建良好的家庭支持环境；为流动农民工家庭提供亲子培训，宣传相关法律知识，引导父母运用相关理论知识，为其子女提供良好的家庭教育。在"萨提亚家庭治疗模式"理论的指导下，社会工作者可对家长提供必要的沟通技巧培训，促使父母以平等、尊重的态度与孩子沟通，多了解孩子的内心世界，积极分担孩子的学习压力，营造和谐的家庭教育氛围，促进家庭成员之间的沟通交流。

参考文献

[1] 宋丽玉，施教裕. 优势观点——社会工作理论与实务 [M]. 社会科学文献出版社，2010.

[2] 冯增俊. 教育人类学教程 [M]. 人民教育出版社，2008.

[3] 杨东平. 深入推进教育公平 [M]. 社会科学文献出版社, 2008.

[4] 许丽敏. 农民工子女在城市教育过程中的社会融入研究 [J]. 学术论坛, 2010. (1).

[5] 宋锦, 李实. 农民工子女随迁决策的影响因素分析 [J]. 中国农村经济, 2014（10）.

[6] 姚进忠. 农民工子女社会适应的社会工作介入探讨 —— 基于生态系统理论的分析 [J]. 北京科技大学学报（社会科学版）. 2010（1）.

[7] 项继权. 农民工子女教育：政策选择与制度保障 —— 关于农民工子女教育问题的调查分析及政策建议 [J]. 华中师范大学学报（人文社会科学版），2005, 44（3）.

[8] 杨颖秀. 农民工子女就学政策的十年演进和重大转变 [J]. 东北师范大学学报（哲学社会科学版），2007（1）.

[9] 蔡昉. 城市化与农民工的贡献 —— 后危机时期中国经济增长潜力的思考 [J]. 中国人口科学，2010（1）.

[10] 袁连生. 农民工子女义务教育费用负担政策的理论、实践与改革 [J]. 教育与经济，2010（1）.

[11] 吴开俊, 刘力强. 公共财政视野下农民工子女义务教育问题及原因分析 [J]. 教育发展研究，2009（2）.

[12] 杜两省, 彭竞. 教育回报率的城市差异研究 [J]. 中国人口科学，2010（5）：22-37.

[13] 段成荣. 我国流动儿童最新状况 —— 基于 2005 年全国 1% 人口抽样调查数据的分析 [J]. 人口科学，2008（6）.

[14] 谢建社. 融城与逆城：新生代农民工两难选择 —— 基于 GGF 监狱调查 [J]. 广州大学学报，2010（2）.

[15] 徐丽敏. 城市公办学校中农民工随迁子女教育融入的问题与对策 [J]. 教育理论与实践. 2009（2）.

[16] 谢建社, 牛喜霞, 谢宇. 流动农民工随迁子女教育问题研究 —— 以珠三角城镇地区为例 [J]. 中国人口科学，2011（1）.

第八章　助苗计划：探索青少年权益保护服务网络研究

在"发展社会工作，创新社会治理"的时代要求下，结合共青团中央开展的"青少年权益工作创新"试点工作要求，以社会工作介入，利用SPSS21.0进行统计分析，从家庭、学校、社会和法律方面分析青少年权益保护的内外环境。研究发现，青少年群体面临着权益保护的制度性和非制度性困境，包括青少年家庭教育和监管不当、家庭沟通交流方式不当、法律保护存在漏洞等问题。这些问题导致青少年权益和身心健康遭受侵害，诸如失学失教、家庭（校园）暴力、人格歧视和"社会排斥"等，以及由此引发的其他社会问题。

本次调查以社会工作为专业视角，以"助人自助"为服务理念，通过社会工作介入策略，整合资源，开展思想道德、心理和认知、行为偏差及矫正等辅导服务，满足青少年生存和发展的需求，针对家庭、学校、社会和法律四个层面，提出对策建议：提供亲子培训，营造良好的家庭教育氛围；优化校园环境，形成以人为本的教育监管体系；整合社会资源，拓展社会化权益保障服务平台；完善法律法规，构建法律保障机制，以此构建青少年权益保护服务网络，预防和减少青少年违法犯罪的发生，从而为青少年的身心健康成长保驾护航。

第一节　绪　　论

一、问题缘起

青少年是祖国的花朵、国家的未来和民族的希望，青少年的健康成长关系着祖国未来的发展兴衰，关心青少年身心健康成长是整个社会不容推卸的责任。当前，我国正处于社会快速转型时期，此时各种利益的调整和社会的冲突，使得青少年权益和身心健康遭受侵害，诸如失学失教、家庭（校园）暴力、人格歧视和"社会排斥"等，以及由此引发的其他社会问题，尤其是青少年出现社会越轨行为而导致社会失范，[1]以致青少年犯罪问题呈现出高发态势，严重威胁公众安全和影响社会稳定。青少年犯罪问题已成为一个严重的社会问题，已成为社会各界乃至政府普遍关注的重要问题。而如何有效地保护青少年的合法权益，预防、控制青少年违法犯罪，促进青少年健康成长，已成为社会各界研究的重要课题。

聚焦当前已有的青少年权益的社会政策和社会救助模式的不足，青少年权益保护的长效机制缺失，以及青少年权益工作存在的成效不明显等诸多问题，青少年的成长环境遭遇恶化危机，其权益保护亟需加强和完善。为此，在 2014 年，汪鸿雁提出充分整合和有效利用社会力量，拓展共青团权益工作空间。[2]秦宜智也提出坚持积极推进法制化维权进程，做好青少年权益工作的基本保障。继而，李克强总理提出"发展社会工作，创新社会治理"[3]。在此境遇下，本章以社会工作为专业视角，创新青少年权益工作，从青少年社会工作的理论层面进行专业分析，结合柳州青少年权益工作实际，就青少年权益现状及其存在的问题进行调查研究，由社会工作介入家庭、学校、社区等多部门组成的网络保护体系，营造良好的青少年成长环境，促进其身心健康成长。

二、研究意义

（一）理论意义

本章通过对柳州市中学生权益保护状况的调查研究，运用社会工作专业视角和理论，分析柳州青少年权益保护状况，以社会工作的三大方法（个案工作、小组工作、社区工作）和专业理念（助人自助），探讨卓有成效的青少年权益保护工作，创新

---

[1] 默顿的社会失范理论认为，由于社会结构不合理的限制，社会底层的人缺乏通向成功的途径，该群体即使再努力也无法实现社会所一致公认的成功目标。为此，当人们无法通过合法手段实现合法权益时，采取非法手段就无可避免，于是违法犯罪就出现了。

[2] 汪鸿雁同志在共青团权益工作战线会上的讲话，2014 年 8 月 20 日。

[3] 李克强总理在 2015 年两会政府工作会议上的讲话。

青少年治理，构建青少年权益保护服务网络，营造良好的青少年成长环境，预防和减少青少年违法犯罪的发生，从而为青少年的健康成长保驾护航。这在完善社会工作理论，创新社会工作专业方法，提高社会工作的社会认知度等方面具有重要的理论意义。同时，这对于发展社会工作，创新社会治理体系也具有积极作用。

（二）现实意义

社会工作的产生和发展，适应时代发展的要求，是解决社会问题、促进社会进步的必然。在十六届六中全会上，党中央提出"建设宏大的社会工作人才队伍"，这为我国社会工作的发展指明了目标和方向。在2015年全国两会上，李克强总理在政府工作报告中首次提到"发展专业社会工作"，表明了我国社会工作正迎来一场新的社会变革，在这场社会变革中，社会工作将在创新社会治理方面发挥重要的作用。尽管如此，我国的社会工作在总体上看来还存在诸多的问题，如地域之间发展的不平衡，专业化、职业化水平较低，社会认知度低，社会公众参与度不高等，这些因素极大地阻碍了我国社会工作的发展。因而，本章以社会工作为视角，探析青少年这一特殊群体的权益保护现状，针对其存在的问题，创新性地提出构建青少年权益保护服务网络。这在解决社会工作发展障碍，向社会宣传社会工作，创新社会治理体系方面具有积极作用。同时，这对于保护青少年合法权益，预防青少年违法犯罪，加快建设社会主义和谐社会具有重要的现实意义。

三、研究现状

青少年的权利是现代青少年概念的重要组成部分，也是青少年社会工作的基础价值之一。青少年的权利包括生存的权利、受保护的权利、发展的权利以及参与的权利。伴随着社会转型的不断加深，他们的发展受到巨大的影响。如何在社会转型期有效保障青少年权益？国内外学者为此做出了相关研究。

（一）国外研究现状

国外学者对青少年权益及其保障的认识，经历了从早期的以人权角度把握青少年权益，到当代的把青少年权益视为经济、社会发展的影响因素，因而青少年的社会参与和发展就成为国际社会关注的焦点，[1] 各国政府开始采取措施来保障青少年权益。如英国通过制定专门的法律制度来保障青少年权益，北欧一些国家通过提高社会福利来解决问题等。尽管如此，国外青少年维权工作还存在诸多问题。如韩国，近年来虽然有关研究机构开展了对韩国青少年人权动向研究、青少年权利意识调查等工作，但相关研究成果在解读青少年维权事件中的实际应用不够。[2] 日本则通过法律宣传以及设置机构的形式来维护青少年权益，日韩形成了官民并举的社会救助模式。德国通过《反不正当竞争法》来保护青少年权益，要志成认为该法律限制了对青少年的保护。[3]

（二）国内研究现状

中国青少年研究中心于 2007—2008 年对北京、上海、广州、南京、成都等 8 个城市的流动青少年权益状况进行了调查研究，主要以青少年的学习与教育、社会融合与社会参与等方面为重点进行研究。研究显示，由于各种原因，很多权益仍然没有得到应有的重视和保护，对青少年缺乏思想道德教育，难以从思想层面提高青少年的维权意识。为此，王蕾认为通过加强中学生德育教育，改革教育模式，从思想和教育模式方面出发，保护青少年权益。[4] 然而，李冬冬认为我国只有通过立法建立健全的未成年人监护制度，才能彻底解决目前未成年人领域中出现的问题。[5] 但在岑苏看来，可以通过创新"社区青少年"管理工作来实现保护青少年权益的目的。这些学者在探讨青少年权益保护的过程中，很少涉及如何运用社会工作方法对青少年的权益进行保护。因而，侯日云运用小组工作方法对弱势学生进行权益维护，增强其保护意识和能力；[6] 许莉娅则采用"三观预防"模式，在预防青少年犯罪工作中融入社会工作元素，利用资源整合、增权理念来改进现有机制；[7] 刘伟、陈欢欢从社区

---

[1] 高中建，张琳. 青少年权益保障问题与社会和谐 [J]. 中国青年研究，2006（9）.

[2] 王冬. 中日韩三国青少年权益保护现状比较 [J]. 中国青年政治学院学报，2005（3）.

[3] 要志成. 德国反不正当竞争法对青少年的保护 [D]. 南京大学，2008.

[4] 王蕾. 优势视角下学校社会工作在青少年新型德育教育中的预防策略研究——以 SZ 市 T 中学"青少年正面成长计划"为例 [D]. 华东师范大学，2013（5）.

[5] 李冬冬. 论我国未成年人监护制度的不足与完善 [D]. 中国政法大学，2012.

[6] 侯日云. 社会工作介入学校弱势学生的实践探索——以青少年准小组为例 [J]. 湖北民族学院，2013（2）.

[7] 许莉娅. 偏差行为青少年犯罪预防的社会工作介入——以北京市流浪儿童与社区青少年犯罪预防为例 [J]. 中国青年政治学院，2011（5）.

的角度出发，链接家庭和学校，树立培养"资源"意识，用一整套青少年犯罪预防工作的社区干预结构体系来预防青少年犯罪。[1]

（三）研究的创新点

综上所述，笔者发现，国外学者主要是通过法律法规、福利政策来实现对青少年权益的保障，而我国的法律法规的保障功能尚未完全显现，主要是靠以政府为主导的社会救助，运用社会工作方法构建青少年权益保护服务网络的研究寥寥无几。因而，本章强调社会多方治理，从青少年权益的家庭、学校、社会和法律保护的现状出发，以社会工作为视角，为存在各种问题的青少年提供个别化辅导服务，探索青少年权益保护的有效途径，构建社会工作介入家庭、学校、社区等多部门组成的青少年权益保护服务网络，保护青少年合法权益，达到预防和减少青少年违法犯罪的效果。

四、研究思路及其方法

（一）研究思路

本研究以问卷调查为主，辅以个案访谈的方法，搜集青少年权益保护的感性材料，运用SPSS21.0进行统计分析。通过对柳州青少年权益保护的现状及问题的阐述，以青少年的权益为主要线索，囊括家庭、学校、社会和法律四个部分，分析当中存在的问题和不足。在共青团组织的积极配合下，运用青少年社会工作的专业方法、技巧，充分发挥社会工作的社会功能，积极联系社会各方力量，整合社会资源，构建社会工作介入青少年权益保护服务网络，以社会工作者为纽带，介入家庭、学校、社区等组成的网络保护体系（见图8-1），优化青少年成长环境，保护青少年合法权益，达到预防和减少青少年违法犯罪的效果，从而为青少年的健康成长保驾护航。

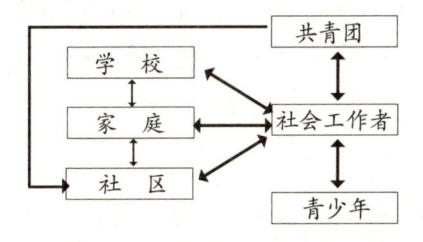

图8-1 权益保护服务网络体系图

---

[1] 刘伟，陈欢欢.青少年犯罪预防的社区干预和实践[J].四川省社会科学院社会学研究所，2013（8）.

（二）研究方法

1. 问卷调查法

为了更好地了解调查对象，获得更多真实有效的信息，了解青少年权益现状和存在的问题，把握青少年权益特点和需求，从而有针对性地采取解决对策。本研究以问卷调查为主，通过分发问卷，搜集研究对象的资料。我们分别对柳州市柳北区第九中学、城中区十六中学和鱼峰区民族高中进行了分层抽样调查。

2. 个案分析法

为了增加数据的真实性和客观性，本研究在进行问卷调查的同时，运用社会工作的沟通技巧（尊重、真诚、同感、积极关注等），对部分青少年学生开展了个案访谈，并整理形成案例进行分析。

3. 文献研究法

本研究查阅了近年来政府及相关部门关于青少年社会工作的文献，了解到我国青少年权益保护的相关工作。同时，参考了国内外学者关于青少年权益保护以及青少年违法犯罪的研究成果。

五、研究的理论基础

1. 社会学习理论

阿尔伯特·班杜拉[1]的社会学习理论认为行为是个人因素和环境因素交互作用的结果。人们仅通过观察他人（榜样）行为便学会某种行为，如果个体的某种行为得到强化，那么个体就会将这种行为表现出来。因而，本章运用社会学习理论来分析青少年的不良行为原因，通过青少年社会工作方法介入，对青少年的不良行为进行行为适应与治疗，为青少年营造良好的成长环境。

2. 优势视角

"优势视角"是一种关注人内在潜能和优势资源的视角，即把人们及其环境中的资源和优势作为社会工作中所关注的焦点。青少年在面临新情境时，他们不能很

---

[1] 班杜拉是观察学习理论的创立者，也是社会学习理论的主要代表人之一。

好地与人沟通交流,导致其他同辈群体对他们的疏远,无助于他们融入社会生活。"优势视角"强调案主自身及其周围环境的潜能和优势,注重案主的自我纠正能力,充分发挥案主优势,实现其目标。

3. 社会支持网络理论

保护青少年合法权益,达到预防和减少青少年违法犯罪的效果,可通过构建青少年维权的社会支持网络来实现。社会支持网络强调以人在情境中为基础,提供立即性协助,致力于弥补正式服务资源的不足,提供网络中个人的助人机会和相关训练,[1] 包括正式支持网络和非正式支持网络。正式支持来自各种制度性的支持,非正式支持主要来自朋友、家人和非正式组织的支持。

第二节　资料收集

一、青少年权益的界定

我国党和政府历来十分重视青少年的权益保障问题和身心健康问题。改革开放以来,我国制定、修订和实施了《中华人民共和国未成年人保护法》、《中华人民共和国预防未成年人犯罪法》等一系列与青少年权益有关的法律法规和相关政策,对于维护青少年的合法权益和预防青少年违法犯罪具有重要作用。然而,青少年权益是指什么?它有哪些可衡量的指标?鉴于此,本研究定义的青少年权益是指《中华人民共和国宪法》和其他法律赋予青少年的各种合法权利,包括生存权、受保护权、发展权和参与权等,这些权利涉及青少年的各种需要,包括基本需要和成长需要。因而,本章从家庭保护、学校保护、社会保护和法律责任四大方面研究青少年的权益需求以及权益保护状况。

二、问卷设计

问卷设计过程参考《中华人民共和国未成年人保护法》,经反复斟酌和修正,本研究从青少年的基本信息、家庭保护、学校保护、社会保护和法律责任五方面设

---

[1] 陆士桢,王玥. 青少年社会工作[M]. 社会科学文献出版社,2010:115.

计问题，共 36 题，均为封闭式提问。其中基本信息（7 题），包含了青少年个人和家庭信息；家庭保护方面（8 题），包含了父母（或监护人）在日常生活中与子女的互动情况；学校保护（7 题），调查学校的教育教学环境等对青少年的影响和保护问题；社会保护（8 题），主要是了解青少年的社会环境（如社区环境、制度环境等）；法律方面（6 题），是了解青少年对相关法律和维权途径的了解程度，以此分析青少年的自我保护意识。

三、抽样调查

在开展本项调研课题之前，我们在 2014 年 7—9 月开展了有关青少年权益保护的项目调查，调查区域深入到柳州市鱼峰社区、白沙社区、青云社区、十一冶社区，掌握了第一笔调查资料。随后，在柳州市共青团和学院的大力支持下，本课题于 2014 年 9 月—2015 年 3 月对柳州市三个区域具有代表性的三所中学进行了调查，分别为柳北区的九中、城中区的十六中、鱼峰区民族高中，采用分层抽样的方法对初中三个年级和高中三个年级的同学进行了问卷调查，并采用个案访谈的方式对学校的老师和同学进行了访谈，包括电话访谈和面对面访谈。因而，本调研课题从 2014 年 7 月—2015 年 3 月，历时 8 个月。

四、样本代表性

本次调查采用问卷调查与个案访谈相结合的方式，主要涉及柳州市三大区域，从中随机各抽取一所中学，总共发放问卷 1 230 份，收回问卷 1 170 份，经人工剔除无效问卷后，其中有效问卷为 1 085 份，有效回收率为 92.7%，有效回收率高，样本代表性强（见表 8-1）。经统计得出，该样本中男女比例分别为 46.1%、53.9%，比例较均衡；在民族分布上，汉族占 51.2%，壮族占 38.5%，其他少数民族侗族、瑶族等均有少量分布，这符合广西的民族分布结构特点（多民族聚居）。

表 8-1　问卷回收情况

年级	发放问卷（份）	回收有效问卷（份）	有效回收率
初一	250	233	93.2%
初二	200	186	93.0%
初三	50	40	80.0%
高一	310	300	96.8%
高二	230	212	92.2%
高三	130	114	87.7%
合计	1 170	1 085	92.7%

第三节　柳州市青少年权益保护现状

一、家庭层面

1. 家庭教育和监护不当

柳州市作为广西的工业城市，吸引了大量外来务工人员，随迁子女存在诸多问题。从家庭保护的现状分析得出，调查对象的父母大部分为个体、工人和农民，存在职业地位较低和经济收入较少的现状。迫于生活压力，大部分父母为工作疲于奔走，顾不上家庭和子女，对子女的关心不够，与子女的相处时间较少。长期以来父母对子女的监护不到位，教育方式处理不当。在表 8-2 中，当孩子犯错时 64.9% 的家长会采取说教的方式解决，5% 的家长会采取"辱骂"，分别有 2.5% 和 0.8% 的家长会采取"暴力解决"和"不理会"的方式，这些不正确的教育方式，严重影响青少年的身心健康，导致其对家庭产生信任危机，安全感下降。社会学习理论认为，青少年通过观察学习，较易从父母那里习得并形成不良的行为方式，导致认知偏差和越轨行为的产生，从而影响青少年的健康成长。

蒋月、韩珺主张用亲权和监护相结合的方式解决未成年的保护和教养问题，以更好地保护未成年子女的权益。[1] 因而，加强家庭对青少年的监护，营造良好的家庭教育环境对于促进青少年的健康成长具有积极作用。

---

[1] 蒋月、韩珺. 论父母保护教养未成年子女的权利义务——兼论亲权与监护之争 [J]. 东南学术，2001（2）.

表 8-2　犯错误时，父母如何处理

		频率	百分比	有效百分比	累积百分比
有效	和您一起找出原因并纠正	287	26.9%	26.9%	26.9%
	说教	697	64.6%	64.6%	91.5%
	辱骂	54	5.0%	5.0%	96.5%
	暴力解决	27	2.5%	2.5%	99.0%
	不理会	9	0.8%	0.8%	100.0%
缺失	系统	11	1.0%	1.0%	
合计		1 085	100.0%		

2. 个人精神文化生活缺乏

马斯洛的需求层次理论认为，只有个人的需要得到满足，他才能得到健康的发展。然而，经统计分析发现，我国当代青少年的精神文化生活缺乏，部分父母陪伴子女参加课外活动较少，甚至没有（见图 8-2）；有 15.9% 和 18.7% 的青少年在空闲时选择用上网、打游戏或看电视来消磨时间，阅读课外书的青少年学生比例较少，仅有 12.7%（见图 8-3）。从个案访谈信息来看，大部分青少年由于家庭作业和家务活比较多，空闲时间较少，因而参加课外活动的机会很少。而从调查中得知青少年的精神文化生活缺乏，其社会兴趣没有得到挖掘，个人发展需求受阻。

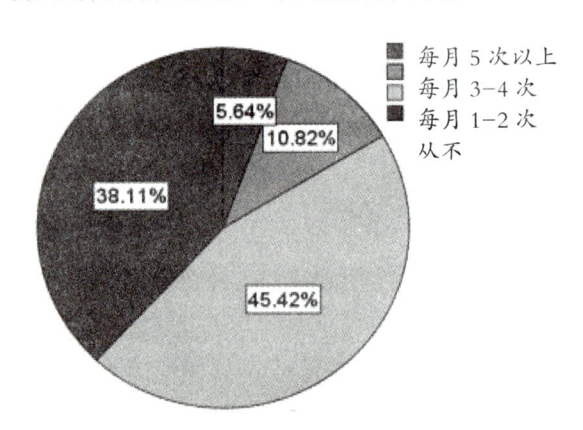

图 8-2　父母陪同参加课外活动的情况

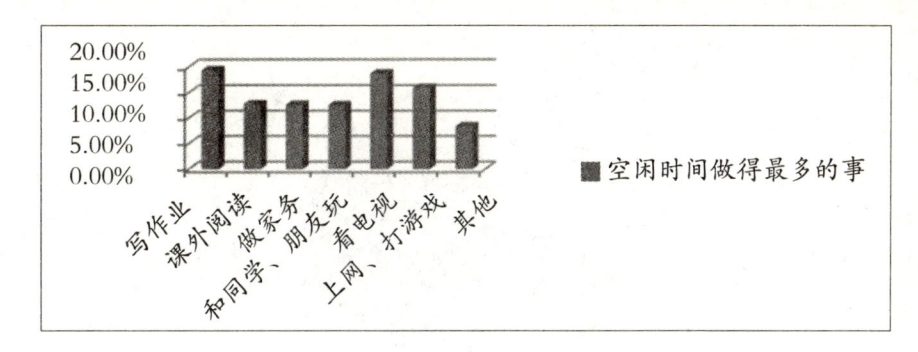

图 8-3 空闲时间做得最多的事

3. 家庭沟通交流的方式不当

良好的沟通和交流有益于和谐的家庭关系和亲子关系的建立。当父母和孩子的意见发生分歧时，家长应尊重孩子意见，听听孩子的心声。在调查中，45.9% 的家长会偶尔听取孩子的意见，4.1% 的家长不听取孩子的意见，粗暴地拒绝孩子的意见。这样容易导致亲子关系出现裂缝，造成家庭矛盾。青少年正处于一个特殊的阶段，个人意识正在觉醒和成熟，他们需要表达自己的意见，家长更应该尊重孩子的意见（如个案 G）。而在对父母和孩子的沟通方式上的调查中，笔者发现，经常和孩子沟通的父母只占 31.8%，大部分家庭存在不良的沟通方式。

> 个案 G：父母老是把自己的想法强加到我身上，我不想上自习的，可是老师打个电话回家，我妈就让我明天去上自习了。

二、学校层面

本章就学生的心理和生活健康教育、安全和法制教育、师生关系、是否存在体罚或变相体罚等伤害人格尊严的行为以及学校的教学环境等几个方面进行了分析，发现学校的教学环境存在一些不足和问题。

1. 校园及周边环境存在影响青少年身心健康的隐患

调查发现（见图 8-4），52.91% 的学生知道学校周围有网吧、游戏厅、营业性歌舞厅等娱乐场所，其中 13.9% 的学生经常去网吧（见图 8-5），原因之一是青少年的思想观念不够成熟，对外界诱惑的抵制能力较低。并且青少年正处于观察学习阶段，易受周边不良环境的影响。因而，净化校园及其周边环境，为学生提供一个健康、和谐的校园环境，对于学生的发展有重要意义。

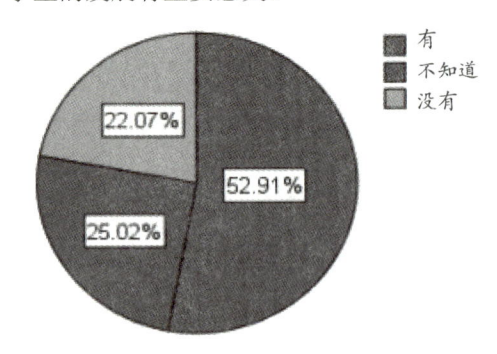

图 8-4　学生对学校周边娱乐场所的知晓情况

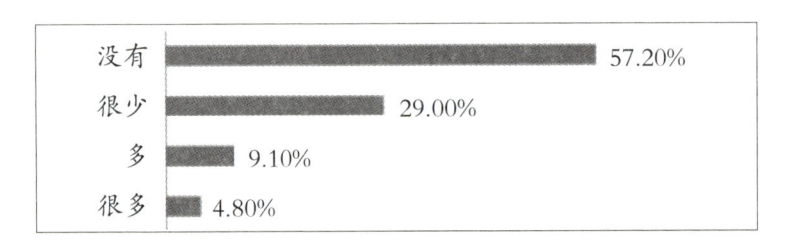

图 8-5　去网吧的频率

在体罚或变相体罚等伤害人格尊严的行为调查中，发现有 9.7% 的学生遭受过体罚等伤害人的尊严的行为（见表 8-3），这可能会导致两种不良的结果，一是使学生对学校乃至社会产生一种"敌意"而导致越轨行为；二是导致学生的怯懦心理。

表 8-3　遭受过体罚、变相体罚等伤害人格尊严的行为的调差

		频率	百分比	有效百分比	累积百分比
有效	有	105	9.7%	9.7%	9.7%
	没有	979	90.2%	90.3%	100.0%
	合计	1 084	99.9%	100.0%	
缺失	系统	1	0.1%		
合计		1085	100.0%		

146

2. 安全教育和心理健康教育成效不明显

青少年若缺乏父母（或监护人）的有效监管和正确引导，便会无拘无束，容易形成懒散的生活习性。除家庭因素外，学校若缺乏对学生的正确引导和教育，那么他们的不良行为将会扩大化。在调查中发现，尽管学校通过模拟法庭、法律讲座来向学生宣传法律知识，但只有少数学生参加。虽设有心理咨询室，但也只是"挂个牌而已"（如个案H、个案I）。在安全教育和心理辅导上，很多学校只注重形式，缺乏实际成效，导致青少年学生产生更加严重的偏差行为。

个案H：初三英语老师，班主任，教书已有23年。她认为由于家庭环境和学校环境因素，很多学生存在着各种心理问题和行为问题，学生之间受欺负、有摩擦是普遍现象。她说："由于家长对学生的关心和监督管理不够，部分学生处于监管缺失的状态，在校行为懒散，心理沉重，甚至发生小团伙的斗殴现象。尽管学校有进行安全教育、法律讲座以及设有心理咨询室，但这只是挂个牌而已，成效不大。"

个案I：ZDD，男，壮族，初三，独生子女，父亲在外地打工，现与母亲生活在一起，性格较内向。他说："学校宣传法律知识的形式有模拟法庭、法律讲座、宣传板报。不过本人没参加过模拟法庭，因为每班老师只选8-10人参加，轮不到我。"他知道学校的心理咨询室，但没去过，认为咨询室只解决心理问题。他说："有心理问题的同学，很多会去医院，很少去咨询室，因而它没有多大作用。"

三、社会层面

1. 青少年权益保护工作不够重视和完善

笔者了解到，社区的青少年服务中心仅占8.8%（如表8-4）。社区关怀是青少年权益保护方面的一个薄弱环节，对青少年的关注度不高，忽视了青少年的需求。此外，社会在青少年权益保护方面的工作机制不够完善，缺乏专业性和长效性。

表 8-4 社区是否设立青少年服务中心

		频率	百分比	有效百分比	累积百分比
有效	有	95	8.8%	8.8%	8.8%
	没有	544	50.1%	50.1%	58.9%
	不知道	435	40.1%	40.1%	100.0%
	合计	1074	99.0%	100.0%	
缺失	系统	11	1.0%		
合计		1085	100.0%		

2. 隐私保护力度比较低

隐私权是青少年的权益，而据调查分析得知，有 26.6% 的家长偷看过孩子隐私，有 13.2% 的青少年不知道家长有没有偷看过自己的隐私，家长对于孩子的隐私权不重视，会引起孩子对家长的不信任，引起家庭矛盾，使孩子对家庭失去安全感。

3. 社会监管薄弱

在当今市场经济条件下，人们追求名利，对青少年缺乏关注，忽视了青少年的权益，缺乏对青少年的正确引导。《中华人民共和国未成年人保护法》规定，营业性舞厅等是不适宜未成年人活动的场所。然而笔者了解到，52.91% 的学生知道学校周围有网吧、游戏厅等娱乐场所。其中 42.9% 的青少年进入过网吧，有很多青少年沉迷网络，享受虚拟世界带来的快感。

四、法律层面

1. 权益保障制度尚未完全发挥功能

近年来，越来越多的青少年受到伤害，触目惊心的案件层出不穷，如何保护青少年的权益？如何保护青少年的人身安全？这些问题的出现反映出我国青少年权益保障制度尚未完全发挥功能。因而，把握青少年权益的特点和需求，提高青少年的维权意识与能力，以社会工作角度，构建青少年权益保护服务网络具有重要意义。

2. 法律宣传效果不足，维权教育不够普及

数据统计分析可知，59.6%的学生了解一些法律法规，10.4%的学生不了解与青少年相关的法律法规，对法律的不了解容易导致维权意识的淡薄，也反映出法律宣传的不足。同时，大多数青少年对维权途径知之甚少（见图8-6），再加上学校对维权教育不够普及，使得大多数学生缺乏维权意识。

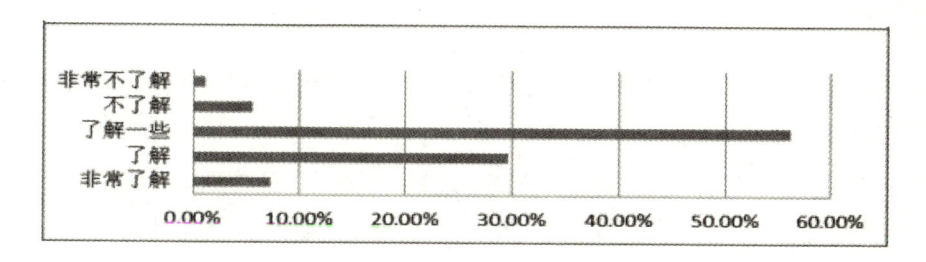

图8-6　维权途径的了解度

如图8-7所示，当权益受损后，24%的青少年选择"请求父母、老师"，其次是采用法律手段和拨打"110"，表明青少年愿意选择身边较信任的人来帮其维权。但也有3%的青少年选择"武力解决"这种极端的方式，这会使青少年从受害者变成加害者，走入另一个歧途。所以，提高青少年的法律意识和对维权途径的了解，畅通其权益诉求渠道，对于维护青少年权益及促进其健康发展有重要意义。

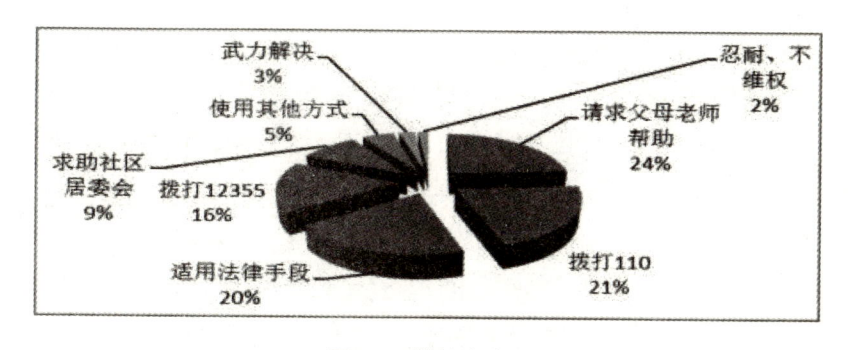

图8-7　维权方式

第四节　社会工作介入策略

一、青少年社会工作概念

青少年社会工作产生于近代西方资本主义国家，起初它是以教育和救济为主，后发展为以全面服务为特征的专业社会工作。从内容来看，这是包括学业辅导、职业培训、心理咨询、矫治服务等旨在帮助青少年的专业。从过程与特征来看，青少年社会工作是指根据青少年的生理和心理状态及家庭背景等实际情况，予以个别或集体辅导，最大限度地发掘服务对象的潜能，让其更好地适应生活。[1]

本研究将青少年社会工作定义为：以青少年作为工作和服务对象，通过运用青少年成长和发展规律，以及社会工作专业的理论、方法和技巧，来最大限度地发掘青少年的潜能，促进其全面健康地发展，使其更好地适应社会生活的专业活动。[2]

二、青少年社会工作方法

（一）个案工作

个案工作是工作者遵循基本的价值理念，运用科学的专业知识和技巧，以个别化的方式，为感受到困难的个人或家庭提供物质和心理方面的支持与服务，以帮助个人或家庭减低压力、解决问题、挖掘生命的潜能，不断提高个人和社会福利水平。[3]个案工作的基本价值理念是尊重个性、承认人的价值和独特性。

针对调查中发现的个别青少年存在的家暴、网瘾、人际交往障碍等问题，社会工作者可采用个案工作方法对其开展相关服务，如心理辅导、行为偏差矫正等，帮助其减轻不良行为的影响，学会以正确的方式参与到社会活动中来。

---

[1] 陆士桢，王玥. 青少年社会工作 [M]. 社会科学文献出版社，2010：19.
[2] 王思斌. 中级社会工作实务 [M]. 中国社会出版社，2014：96.
[3] 许莉娅，童敏. 个案工作 [M]. 高等教育出版社，2004：4.

（二）小组工作

小组工作是在小组工作者的带领下，通过组员间的互相支持、充分互动和分享，激发组员的潜能，改善组员的态度、行为，提升他们的社会功能性，解决个人、群体、社区和社会问题，促进个人、小组和社区的成长和发展，实现社会和谐、公平、公正的发展。[1]

小组工作把具有相似特征的团体组合起来，形成同质性小组。针对青少年权益保护问题，开展各种形式的小组活动，如教育小组、成长小组、意识提升小组、社会化小组等，借助社会工作者的协助，引导成员在团体活动中互动，以个人能力与需求为基础，促进青少年权益保护的发展目标。

（三）社区工作

青少年社区工作是青少年社会工作三大方法之一，它是以营造社区内青少年健康成长的发展环境和引导青少年在力所能及范围内与社会形成互动为工作目标，动员一切社会资源，服务于青少年，促进社区健全发展。[2]

社区社会工作者应经常性地探访青少年家庭，及时掌握青少年的家庭情况。在社区中，应该为完善基础设施的建设提出建议，满足青少年正常活动的需求。开展文化精神活动，鼓励青少年有序的公共参与，培养青少年的综合能力和爱国主义精神，提高青少年的思想文化素质。

三、介入服务内容与措施

（一）思想道德辅导

长期以来，由于我国传统的教育理念和体制，使得我国在较长时间里对思想道德教育目标的理解发生了偏差。很多学校只重视应试教育，忽视学生的德育教育，导致学生思想混乱、社会公德缺乏，致使各种不良风气的产生，如"老人摔倒了，扶不扶？"、"我爸是李刚"等现象，若不及时纠正此类歪风，易导致青少年走上

---

[1] 刘梦，张和清．小组工作 [M]．高等教育出版社，2013：6．
[2] 陆士祯，王玥．青少年社会工作 [M]．社会科学文献出版社，2010：137．

违法犯罪道路，危害社会。因而，加强青少年思想道德建设，培养良好的道德素质具有积极意义。同时，此举有利于维护青少年思想道德提升的权利。

针对在调查中存在的青少年思想道德混乱、社会公德缺乏的现象，社会工作者可以采取个别化方式，运用社会工作方法，整合社会力量，进行思想道德教育，提高他们的认知。同时，在社会上宣扬社会正能量，营造良好的社会风气，引导青少年形成正确的世界观和人生观，提升思想内涵。

（二）心理及认知辅导

随着社会的发展，青少年遭受挫折、逃学、自杀等问题也日益突出，如学生跳楼自杀事件，室友投毒事件等，这些问题给青少年带来了非良性的心理问题。及时而有效地疏导青少年的困惑，促进青少年的健康成长，已经成为亟需解决的问题。工作者可通过以下措施，调节青少年的心理，树立正确认知。

1. 个别化辅导

通过多次接触，了解青少年形成不正确认知的原因，帮助青少年了解和认识生理、心理发展规律，掌握基本的心理发展知识，使其正确认识自我。利用优势视角，使他们发现自我长处，挖掘自我潜能，增强自信心。

2. 家庭辅导

引导父母关注孩子的心理健康，给予健康的沟通方式，加强平时在家庭情境中的交流，通过换位思考来了解孩子的想法，以便改善亲子关系，使青少年开展良性的自我探索，实现自我同一性。

3. 学校方面

工作者对老师进行培训，使老师具备一定的专业知识，为学生解决心理问题。通过老师或者社工的宣传，关注青少年的心理诉求，协助建立正确的心理认知。通过开展小组活动，形成同辈之间较好的交往氛围，减轻心理压力。

（三）学业辅导

学习是青少年受教育权的体现。青少年的主要任务是学习，社工的具体工作就是帮助学生明确学习的目标和意义，培养他们良好的学习习惯。针对一些失学失教、有需求的青少年，社会工作者看可开展以下几方面的工作：

（1）链接政府和教育企业资源，给予教育机构一定的优惠政策，利用教育机构的教育资源，为失学失教的学生提供学业辅导服务，使这些学生可以得到平等的接受课外辅导的机会。同时，通过招募志愿者，组织学习小组活动，比如"结对子"、"学习交流会"等形式，帮助青少年进行学业的辅导，提高学生的学习兴趣，促其养成良好的学习习惯。

（2）工作者在学校和家庭之间为学生在学业方面构建一个良好的外部环境，促进学校与家长之间的沟通，定期组织家长会和交流会等，围绕孩子在家和学校的学习表现展开讨论，并商议解决办法，促使学校和家长双方共同关注孩子的学习和成长。

（四）生活方式与人际交往辅导

社会工作需要通过相应的技巧和方法为存在生活方式和人际交往困境的青少年提供各类改善青少年生活方式的服务，协助青少年改善生活方式，提高生活质量。社会工作者主要通过小组工作开展人际交往辅导，在群体游戏中拓展青少年的交际圈，从而培养其人际交往能力，具体工作如下：

（1）家庭和学校是孩子社会化的主要场所，社会工作者协助学校培养学生养成良好的生活习惯，通过家访与家长进行交流，敦促家长为孩子树立一个学习榜样，帮助孩子建立良好的生活方式。

（2）社会工作者与政府、学校和社区协力完善青少年的活动空间。工作者先通过问卷调查、半结构访谈等方式收集信息，并将信息反馈到政府部门、学校和社区，促其完善基础设施，开展丰富多彩的文化活动，培养青少年良好的生活情趣。

（3）运用个案工作方法有针对性地对有人际交往障碍的青少年进行辅导，提供心理层面的辅导和帮助其构建学校和家庭支持网络，帮助其学习一些交往技巧等，促其学会正常的人际交往。

（五）行为偏差及矫正服务

偏差行为又称越轨行为，及时有效地矫正青少年的偏差行为，对于保护青少年权益、预防青少年违法犯罪具有重要意义。具体从以下各个方面来做：

1. 加强家校联结，开展家庭层面的辅导

社会工作者需向家长了解学生的家庭生活情况，为学生家长提供改善教育方案和解决问题的咨询服务，引导家长正确教育子女。同时，改善家庭关系，为学生的成长营造良好的家庭氛围。

2. **增强社区职能，改善社区及其周边不良行为**

加大宣传教育，增强社区对青少年的健康人格教育及成长发展的促进作用，引导青少年形成正确的价值观。社区还可通过整合社区志愿者资源，增强青少年与社区的互动。

3. **进行技巧训练，发挥同辈群体的影响力**

工作者可设计如角色扮演、互动示范等游戏，通过学习模仿其他同伴的行为方式，教导青少年以更被社会接受的行为与伙伴互动，引导其形成正确的价值观和正确的行为选择。

（六）弱势青少年保障服务

弱势青少年面临的问题主要是由个人生活环境、个人人格内在因素方面和个人外部环境与内在心理因素共同作用构成的。面对这些问题，社会工作者可以从优势视角的角度出发来帮助弱势青少年改变现状。具体的做法如下：

（1）协助服务对象进行心理调整，减缓其心理压力，改善其家庭关系，促进其与环境进行有效的互动。为弱势青少年及其家属提供小组服务，建立支持网络。以优势视角看待此类青少年，挖掘青少年自身优势和潜能。

（2）建立社会支持网络。由于专业的背景，社会工作的性质是政府购买服务，同时社工与各类非政府组织之间有着天然的联系。社会工作者作为资源链接的纽带，可通过链接医生、自愿者、企业、非政府组织等力量，将社会福利需要与福利资源进行整合，以满足案主的需要。

四、青少年社会工作专项服务

青少年社会工作服务，除以上几种服务内容外，还有青少年社会工作专项服务。这些专项服务致力于对青少年的各种问题采取针对性服务。主要包括以下几种：

1. **青少年网络脱瘾辅导服务**

学业是中学生人生中重要的一部分，然而在个别案例中存在着学生沉迷网络，荒废学业的情况。工作者运用网络脱瘾法，开展网络脱瘾辅导服务：首先，与案主接触、沟通，建立良好的工作关系；其次，通过多次面对面访谈的方式找出网瘾的原因；再次，与案主共同探讨戒除网瘾的方法，设定目标，使案主成功戒除网瘾，脱离网络游戏，从而增进青少年人际沟通技巧，改善人际关系，达到良好社会适应的目标。

2. 青少年就业辅导服务

就业权是青少年的权益。近年来就业形式越来越严峻，而就业问题又是青少年终要面临的一个社会问题，因此就业问题的解决需充分调动青少年的积极性，构建良好的社会支持，提高青少年自身的劳动技能，增强维权意识，提高职业生涯规划能力。从个案访谈中了解到，部分青少年对自己将来是否选择就业感到十分迷茫。因此，有必要针对此类青少年采取就业辅导专项服务。

3. 青少年历奇辅导服务

历奇辅导活动主要通过将服务对象安放在一个新奇的环境中，让他们跳出生理及心理的舒适区域，互相合作，解决问题，通过总结经验让他们得到成就感，并能将成功经验转化为未来生活的参照。通过历奇辅导服务，服务对象能够更加正确地关注自我、认识自我、接纳自我，培养自信心，使其学会沟通、团结和合作。从而树立正确的人生观、价值观、世界观，为青少年的成长提供一种正确的方法。

第五节 对策建议：构建青少年权益保护服务网络

近年来，社会支持网络作为一种方法和策略被逐渐重视，并被广泛应用于社会工作实务中。依据社会支持理论的观点，一个人所拥有的社会支持网络越强大，就能够更好地应对各种来自环境的挑战。因此，为保护青少年权益及预防其违法犯罪，针对以上青少年权益保护工作存在的问题，在政府购买社会服务模式下，以社会工作者为纽带，整合社会资源，构建青少年权益保护服务网络。

1. 提供亲子培训，营造和谐的家庭教育氛围

在家庭层面，由于家庭教育和监护不当，青少年权益保护存在诸多问题，如家庭成长环境不良、个人精神文化生活缺乏、家庭沟通交流方式不当等问题，导致青

少年缺乏家庭的有效保护和关爱，其权益受损，致使各种青少年问题（如网瘾、参加团伙等）的产生。因而，社会工作者可通过承接社会服务，在社会支持网络的指导下，筹集社会资源，构建良好的家庭支持。为青少年家庭提供必要的亲子培训，宣传相关的法律知识，引导父母运用相关理论知识，为其子女提供良好的家庭教育。同时，通过开展各类型的亲子活动，参与精神文化建设，丰富青少年的精神文化内涵。在"萨提亚家庭治疗模式"下，提供必要的沟通技巧，以平等、尊重的态度与孩子沟通，多了解孩子的心里想法，分担孩子的学习压力，营造和谐的家庭教育氛围，促进家庭成员之间的沟通交流。

2. 优化校园环境，形成以人为本的教育监管体系

学校应注重素质教育，加强安全教育和心理健康教育，优化校园及其周边环境，注重实效，而不应只流于形式。学校应以人为本，注重挖掘学生的潜能，培养创新型人才。学校应该加强法律知识的宣传和普及，在注重宣传的同时，扩大法律知识的普及范围，尤其是在学校开展"模拟法庭"、法律讲座等专场活动中，让更多的青少年有机会接触和了解与青少年有关的法律法规。同时，可设置专门的咨询点和热线电话，让学生能够找到问题的解决途径。社会学习理论认为，青少年受同辈群体的影响很大，良好的环境有利于青少年全面发展。因而，构建良好的学校教育环境对于满足青少年的发展需求、保护青少年受教育的权益以及预防其违法犯罪等方面具有重要意义。所以，应该加强校园文化环境的建设，创造友爱和谐的校园环境，充分体现人文精神，让学生在和谐友爱的环境中学有所成。

3. 整合社会资源，拓展社会化权益保障服务平台

（1）政府有关部门可通过出台青少年权益保障措施，有条件地为困难的青少年家庭提供福利，改善青少年的成长和发展环境。充分整合和有效利用社会力量，是共青团拓展权益工作空间的重要方向。所以需发挥柳州市共青团组织的先导作用，统筹协调社会各方力量，共同开展青少年权益保障和预防青少年违法犯罪的青少年事务工作。加强12355青少年服务台的建设，把它作为构建社会化维权体系的重要平台，稳定联系专家队伍和志愿力量，提高核心服务能力，探索多样化发展模式。[1]

（2）在社区建立青少年权益维护中心，社区工作人员定期下户走访，了解社区

---

[1] 汪鸿雁在共青团权益工作战线会上的讲话，2014年8月20日。

青少年及其家庭的基本情况，建立档案，输入网格，建立社区网络监管体系，及时了解青少年的相关动态，对于出现问题的青少年及其家庭，调动社区力量及资源，积极寻求解决方式，维护青少年合法权益。引进社区工作者和心理咨询师，快速、合理解决青少年问题。设立未成年人保护委员会，加强对政府下管部门的监督。强调多方治理，合力构建社会化权益保障服务平台，从而避免青少年事务工作开展的重叠性，影响青少年权益保障工作的效果。

（3）培养和发展本土青少年社会工作队伍，大力扶持民间组织，建立柳州市社会工作培训机制和督导机制，同时培育和发展社会公益性民间组织。通过政府购买服务的形式，建立相关的社会干预和介入机制，整合社会力量投入到青少年权益保护工作中。

4. 完善法律法规，构建良性地方法律保障机制

汪鸿雁指出，在推动法制化进程方向，各地积极推动制定、落实未成年人保护地方配套法规及政策，以多种形式开展法制宣传教育。同时，在健全组织化机制方面，着力完善"面对面"活动工作机制，活跃预防专项组工作，与相关职能部门建立起经常性工作联系。

第一，各相关机构要贯彻落实青少年维权政策和措施。鼓励青少年积极参与青少年权益及预防违法犯罪的讲座和活动，增强其维权意识和能力。联合柳州市团委、妇联等组织，宣传法律知识和预防违法犯罪活动，提高社会关注度。第二，完善相关法律法规，畅通青少年权益诉求表达机制。通过网络、媒体、报刊等手段大力宣传法律制度，普及法律知识，提高青少年对权益的了解度，提升自身维权意识，畅通青少年权益诉求表达机制，使青少年可以找到有效的维权渠道。

社会工作者通过青少年权益方面的广泛调研，将调研成果转化为可应用的成果，以此向有关政府部门和司法部门提供参考和借鉴，促使有关青少年权益保护制度的制定和完善，从法律上保障青少年的合法权益，达到预防青少年违法犯罪的效果。

第六节　小　　结

本研究在社会工作视角下，运用青少年社会工作的相关理论和方法，以三所具有代表性的学校为对象开展调研，对 1 230 名中学生开展问卷调查以及对部分中学生和教师进行个案访谈，通过对 1 085 份有效问卷进行 SPSS 统计分析，辅以个案访谈资料，从家庭、学校、社会和法律方面分析青少年权益保护的内外环境，研究青少年权益保护现状。研究发现，在青少年权益保护方面，青少年群体面临着权益保护的制度性和非制度性困境，包括青少年家庭教育和监管不当、个人精神文化生活缺乏、家庭沟通交流方式不当、生活环境恶化、法律保护存在漏洞等问题。这些问题导致青少年权益和身心健康遭受侵害，诸如失学失教、家庭（校园）暴力、人格歧视和"社会排斥"等，而由此引发的其他社会问题也日益突出。

为此，本研究运用社会工作专业视角，在社会支持网络理论的指导下，以"助人自助"为理念，通过社会工作介入策略，整合家庭、学校和社会各种资源，开展思想道德、心理与认知、生活方式与人际交往、行为偏差与矫正及弱势青少年保障等辅导服务，满足青少年生存和发展的各种需求。最后，分别从家庭、学校、社会、法律四个方面，提出对策建议，即提供亲子培训，营造良好的家庭教育氛围；优化校园环境，形成以人为本的教育监管体系；整合社会资源，拓展社会化权益保障服务平台；完善法律法规，构建良性地方法律保障机制。以此构建青少年权益保护服务网络，创新社会治理，合力保障青少年的合法权益，预防和减少青少年违法犯罪的发生，从而为青少年的身心健康成长保驾护航，促进社会和谐。

参考文献

[1] 高中建，张琳. 青少年权益保障问题与社会和谐 [J]. 中国青年研究，2006（9）.

[2] 王冬. 中日韩三国青少年权益保护现状比较 [J]. 中国青年政治学院学报，2005（3）.

[3] 要志成. 德国反不正当竞争法对青少年的保护 [D]. 南京大学，2008.

[4] 王蕾. 优势视角下学校社会工作在青少年新型德育教育中的预防策略研究——以 SZ 市 T 中学"青少年正面成长计划"为例 [D]. 华东师范大学，2013（5）.

[5] 李冬冬. 论我国未成年人监护制度的不足与完善 [D]. 中国政法大学，2012.

[6] 岑苏. 社区青少年的社会管理困境与对策建议 [D]. 华东政法大学，2014.

[7] 侯日云. 社会工作介入学校弱势学生的实践探索——以青少年准小组为例

[J]．湖北民族学院，2013（2）．

[8] 许莉娅．偏差行为青少年犯罪预防的社会工作介入 —— 以北京市流浪儿童与社区青少年犯罪预防为例 [J]．中国青年政治学院，2011（5）．

[9] 刘伟，陈欢欢．青少年犯罪预防的社区干预和实践 [J]．四川省社会科学院社会学研究所，2013（8）．

[10] 陆士桢，王玥．青少年社会工作 [M]．社会科学文献出版社，2010．

[11] 蒋月，韩珺．论父母保护教养未成年子女的权利义务 —— 兼论亲权与监护之争 [J]．东南学术，2001（2）．

[12] 王思斌．中级社会工作实务 [M]．中国社会出版社，2014．

[13] 许莉娅，童敏．个案工作 [M]．高等教育出版社，2004．

[14] 刘梦，张和清．小组工作 [M]．高等教育出版社，2013．

[15] 隋月英．加强未成年人思想道德建设的哲学思考 [J]．枣庄学院学报，2006（8）．

[16] 孙跃．我国高等院校学校社会工作介入模式研究 [D]．2009．

[17] 胡平．应用统计分析教学实践案例集 [M]．清华大学出版社，2007．

[18] 张传慧．中国特色·维护青少年权益工作体系研究 [J]．2009．

[19] 风笑天．社会研究方法 [M]．高等教育出版社，2006．

[20] 库少雄．人类行为与社会环境 [M]．华中科技大学出版社，2005．

附录一　社区居民参与社区建设的状况调查问卷

尊敬的居民：

　　您好！我是广西科技大学的学生，感谢您在百忙之中对本次调查问卷的支持！此次问卷的目的是希望通过了解您所在的社区建设的情况，为您所在的社区建设提供借鉴。调查不记名，且结果仅用于课题研究，问卷中的问题符合您的情况请打"√"。

1. 您的年龄是？
    A. 18—28 岁
    B. 29—39 岁
    C. 40—50 岁
    D. 51 岁以上

2. 您的文化程度是
    A. 初中及以下
    B. 中专或高中
    C. 大专
    D. 本科
    E. 硕士研究生及以上

3. 您的户籍是？
    A. 本地
    B. 外地

4. 您已经在该社区居住了多久？
    A. 1 年以下

B. 1–3 年

C. 3–5 年

D. 5 年以上

5. 您的住房类型是？

   A. 自有房

   B. 租房

6. 您的职业是？

   A. 公务员

   B. 事业单位人员

   C. 企业人员

   D. 铁路职工

   E. 学生

   F. 自由职业

   G. 退休人员

   H. 下岗／待就业人员

   I. 工人

7. 您对社区的管理方式满意吗？

   A. 满意

   B. 基本满意

   C. 无所谓

   D. 不满意

   E. 非常不满意

8. 您认为居民是否应该参与社区管理？

   A. 是

   B. 否

   C. 无所谓

9. 您会主动向社区反映问题吗？

   A. 会

   B. 不会，反映了也没用

C. 不知道，没想过

D. 我觉得没什么好反应的

10. 您觉得社区存在的主要问题有哪些？

    A. 治安问题

    B. 绿化环境不好，垃圾箱等必要公共设施及其维护服务缺乏

    C. 停车位、健身娱乐设施等服务缺乏

    D. 居民缺乏交流

    E. 其他

11. 您参加过下列哪些社区活动？（可多选）

    A. 社区政治活动，如选举

    B. 社区文化娱乐活动

    C. 社区管理活动

    D. 社区公益活动

    E. 社区内邻里之间的互动

    F. 未参加过社区的任何活动

12. 您是否作为志愿者参与过社区的公益活动？

    A. 做过

    B. 想做但没有时间

    C. 缺乏兴趣

13. 您认为居民不想参加社区活动的原因是？（可多选）

    A. 没有时间

    B. 影响工作、学习及日常生活

    C. 参加活动没有相应的回报

    D. 家人或朋友不支持

    E. 周围的人没有参与活动的

    F. 自己参不参与对社区的影响不大

    G. 社区活动不丰富

    H. 对这类事情不感兴趣

14. 您所在社区的社区活动的发起者通常是？

    A. 居委会组织动员

B. 社区居民自发发起

C. 其他社会组织开展

15. 您是否支持居民自发小组或个人发起的社区活动？

A. 支持

B. 不支持

C. 保持中立

16. 您认为要提高居民的社区参与度，可以怎么做？（可多选）

A. 加强宣传力度，提高居民的社区意识

B. 居委会等组织应主动与居民联系

C. 政府应减少干涉，让居民充分自治

D. 社区各项服务应充分结合居民需要

E. 提高社区各项活动的作用

F. 其他

访谈提纲

对居民：

1. 您好，请问您生活在社区多久了？对社区的感觉如何？
2. 您认为社区在哪些方面做得比较好？哪些方面存在不足？需要如何改善？
3. 您大概多久会去居委会办事？居委会办事的效率如何？
4. 您平时会关注居委会附近的宣传栏内容吗？
5. 您是否参与过社区居民自己组织的活动？
6. 您是否愿意作为志愿者参加社区公益活动？
7. 您认为社区居民怎样才会积极参与社区的建设？

对社区工作人员：

1. 请问平时有社区居民到居委会来办事或者反映问题吗？
2. 社区会经常开展哪些活动？居民参与情况如何？
3. 您认为社区存在哪些问题？需要如何改善？
4. 您认为如何促进社区与居民之间的沟通和联系？
5. 您认为社区如何搞好社区建设？

附录二　关于流动儿童社会支持状况调查问卷

亲爱的同学：

　　您好！

　　感谢您抽出时间参与我们的问卷调查，为更好地了解同学们的社会支持状况，以研究您的社会支持状况与自我效能感的关系。以下问题无对错之分，希望同学们能真诚地回答，本次问卷以不记名形式进行，所以不要有任何顾虑，谢谢大家的支持。请在您认为的选项上打"√"，或者写在括号里。

流动儿童研究课题组

基本信息

1. 您的性别？

    A. 男

    B. 女

2. 您的年级？

    A. 四年级

    B. 五年级

    C. 六年级

3. 您是哪里人？

    A. 柳州

B. 外地

4. 您是否为独生子女？

   A. 是

   B. 否

5. 您父亲的文化程度：（　　），您母亲的文化程度：（　　）

   A. 未上过学

   B. 小学

   C. 初中或中专

   D. 高中或大专

   E. 大学及以上

6. 您父亲的职业类型是：（　　），您母亲的职业类型是：（　　）

   A. 农民

   B. 工人

   C. 个体

   D. 单位

   E. 其他

7. 您的家庭结构是？

   A. 核心家庭（由父母和未婚子女所组成的家庭）

   B. 主干家庭（由夫妻和一对已婚子女组合而成的家庭）

   C. 联合家庭（由父母与两队以上的已婚子女，或已婚兄弟姐妹组合）

   D. 单亲家庭

   E. 重组家庭（父母任一方第二次结婚所组成的家庭）

家庭支持

8. 当您遇到问题时，可以从家人那得到满意的帮助？

   A. 经常得到

   B. 有时得到

C. 很少得到

9. 当您犯了错误,您父母会如何处理?

    A. 和您一起纠正

    B. 说道理

    C. 辱骂

    D. 暴力解决

    E. 不理会

10. 您希望父母多给予你哪一方面的帮助?

    A. 物质和金钱

    B. 情感交流

    C. 学习辅导

11. 父母对您的要求和期望如何?

    A. 很高

    B. 较高

    C. 一般

    D. 较低

    E. 很低

12. 回家后您做的最多的事情是什么?(可多选)

    A. 写作业

    B. 课外阅读

    C. 做家务

    D. 和同学、朋友玩

    E. 看电视、电影

    F. 上网、打游戏

    G. 上兴趣班、辅导班

    H. 其他

朋辈支持

13. 您与同学的关系如何？

    A. 很好

    B. 较好

    C. 一般

    D. 较差

    E. 很差

14. 当遇到问题时，您是否会主动向你的同学或朋友求助？

    A. 会

    B. 不会

15. 当您向同学或朋友求助时，他们会帮助你吗？

    A. 会

    B. 不会

16. 您会介意班上的同学了解自己的家庭情况吗？

    A. 非常介意

    B. 有点介意

    C. 无所谓

17. 您对自己所在班级满意吗？

    A. 十分满意

    B. 满意

    C. 一般

    D. 不满意

    E. 十分讨厌

18. 您跟班上的同学会有经济（互相请客、借钱等）上的往来吗？

    A. 经常会发生

    B. 偶尔会发生

    C. 几乎不会发生

    D. 从来不会发生

学校支持

19. 在班上,您的平均成绩是多少分?

    A. 60 以下

    B. 61-70 之间

    C. 71-80 之间

    D. 90 分及以上

20. 学校有对你们进行相关的心理健康辅导或者生活指导吗?

    A. 有

    B. 没有

21. 您在学校遭受过体罚或者其他伤害人格尊严的行为吗?

    A. 有

    B. 没有

22. 您认为学校和老师关心您的学习和生活吗?

    A. 非常关心

    B. 关心

    C. 一般

    D. 不关心

    E. 非常不关心

23. 您对学校的硬件设施(如教学楼、多媒体教室、电脑机房等)的满意程度是?

    A. 非常满意

    B. 满意

    C. 一般

    D. 不满意

    E. 非常不满意

24. 您所在的学校是否开展过课外活动?

    A. 经常

    B. 偶尔

C. 较少

D. 从来没有

25. 您是否享受了"两免一补"（免学杂费，免教材费等）的政策？

    A. 是

    B. 否

    C. 不知道

26. 您是否获得过国家贫困补助金？

    A. 是

    B. 否

    C. 不知道

27. 您觉得为"小学生减负"（减少课后作业量）这个政策好吗？

    A. 好

    B. 不好

    C. 无所谓

附录三　老工业城市养老模式的探索访谈提纲

一、访谈对象的基本信息（包括姓名、性别、年龄、健康状况、经济水平、娱乐爱好、空巢原因），其伴侣的基本信息。

二、调查对象的子女信息（子女情况、现居地、婚姻状况、每月回家探望次数、经济水平、家庭结构、健康状况）。

三、访谈问题：

1. 您成为空巢老人多久了？

2. 您在养老生活中有哪些困境？（包括生活照料、精神慰藉、医病看护和社会支持方面的情况）

3. 您对社区居家养老有何看法及有哪些希望？

4. 您对机构养老（养老院等）有哪些看法？有何建议？

5. 您对以房养老有哪些看法？有何建议？

6. 您对家庭养老有哪些看法？有何建议？

7. 抱团养老模式是在老人之间进行组团，相互照顾、相互支持的一种养老方式，您对这种模式的看法如何？有何建议？

四、以下访谈资料为笔者现场记录和后期对录音整理得出，具有真实性。

张女士，64岁，身体健康，大学学历，退休金超过四千，喜欢和老同学去公园里唱歌，也爱好一些老年人的集体活动。老伴两年前因意外去世，两个女儿均在外地成家，8年前小女儿出嫁到外市后，成为了空巢老人，两个女儿的家庭经济为中等水平，一年回来看望约二十次。

李女士，63岁，身体健康，初中学历，退休金两千，加上老伴的三千多退休金，以及家里开小卖部的收入和两套房出租的收入，达七八千以上。爱好与老友们去游玩，但由于要照料门店，娱乐较少。老伴健康，空巢生活了两年，唯一的儿子前年调到外地上班，儿媳和外孙也跟着搬过去了，经济收入较好，但没什么时间回来，儿媳偶尔带外孙回来看望，一年大概十来次。

李先生，72岁，腿部曾受伤，偶尔会疼痛至走路困难，初中学历，当过兵，退休金达三千多。爱好骑自行车到郊区兜风，但身体条件不允许而导致逐渐放弃，偶尔会找三五战友聚餐喝酒。老伴离世四年，成为空巢老人六年，有两个女儿一个儿子，子女经济条件都较好，二女儿相对近些，回来看望也是二女儿多，约一年二十来次。

何女士，68岁，患有高血压，大学学历，退休金四千多，加老伴的五千多，经济较好。爱好旅游，老伴健康，与老伴成为空巢老人有三年多，有一儿一女，儿子跟儿媳为送外孙女读书搬到外地，女儿在县城里居住生活，经济条件都较好，儿子出差回来顺便看望较多，女儿也会偶尔来看。

王女士，63岁，患有慢性病，初中学历，退休金两千多，加上老伴的达五千多，没什么特别爱好，和老伴成为空巢老人十二年，有一个女儿在北方生活，和老伴曾去女儿一家住过一年多后因不能适应，最后还是选择回来自己居住，女儿一家节假日偶尔回来，一年约有十次。

韦先生，71岁，身体健康，初中学历，退休金两千多，爱好下棋和一些老人文娱活动，老伴离世五年，成为空巢老人九年，有两个儿子一个女儿，两个儿子在不同的城市工作生活，女儿在本市，子女经济水平都中等，回来看望的次数不多。

黄先生，69岁，身体健康，专科学历，退休金达三千多，老伴的两千多，经济水平中等，老伴身体健康，成为空巢老人有五年多，两人都爱好养生和锻炼，唯一的儿子在外地做生意，儿子收入较高，儿子一家回来看望不多。

陈先生，72岁，身体健康，初中学历，退休金达两千多，爱好集体活动，老伴曾患过中风，记忆力开始退化，有一儿一女，均在外地工作生活，经济条件都较好，一年回来的次数约有二十多次。

刘女士，65岁，身体健康，初中学历，退休金有三千，喜欢喝老朋友们聚在一起聊天，丧偶，儿子和女儿都在外地工作生活，曾去过儿子家生活了一段时间但不适应，子女经济条件中等，回来看望的次数不多。

伍女士，72岁，患有哮喘疾病需要吃药，初中学历，退休金有三千，爱好为与朋友们聚在一起聊天，老伴曾摔伤腿，有一个儿子和两个女儿在不同的城市工作生活，儿子家的经济条件相对好些，成为空巢老人有十一年，子女们回来看望的次数较多，约三十次。

附录四　小学生需求评估问卷

亲爱的同学：

　　你好！我们是广西科技大学社会科学学院"蒲公英"项目服务调研课题组，在柳州团市委的支持下，特开展本次小学生需求评估问卷调查，以收集一些感性材料，为开展后续项目服务做准备。问卷选择没有对错，所有的回答仅用于统计分析与需求评估。你只需要根据自己的实际情况，在每题所给出的答案中，选择你认为最适合的答案打"√"或者在"＿"中填写。

　　你的回答将积极推动我们"蒲公英"项目服务活动开展的趣味性、知识性和针对性，谢谢你对我们的配合。

蒲公英项目服务调研中心
2015 年 6 月

基本信息

姓　　名：＿＿＿＿＿＿＿

性　　别：＿＿＿＿＿＿＿

籍　　贯：＿＿＿＿＿＿＿省＿＿＿＿＿＿＿市

年　　级：＿＿＿＿＿＿＿

是否独生：＿＿＿＿＿＿＿

兴趣爱好：＿＿＿＿＿＿＿

性　　格：＿＿＿＿＿＿＿

优　　点：＿＿＿＿＿＿＿

缺　　点：＿＿＿＿＿＿＿

特长（擅长）：＿＿＿＿＿＿＿

和你住在一起的家人有：＿＿＿＿＿＿＿

你目前最大的心愿是：＿＿＿＿＿＿＿

你最想要什么：＿＿＿＿＿＿＿

自我认知

1. 你对自己的外貌的满意程度是？

    A. 十分满意

    B. 满意

    C. 一般

    D. 不满意

    E. 很不满意

2. 与大多数同龄伙伴的家庭相比，你觉得你家的生活状况是怎么样的？

    A. 非常好

    B. 很好

    C. 彼此差不多

    D. 很差

    E. 非常差

3. 当同学和你有不同的意见时，你会坚持自己的想法吗？

    A. 总是会坚持

    B. 经常坚持

    C. 有时候坚持

    D. 从不坚持

4. 当上课回答问题时，如果自己答错了，会被老师、同学笑话吗？

    A. 总是

    B. 经常

C. 有时候

D. 偶尔

E. 从不

5. 最近一个月来，你的情绪总体上是怎样的？

　　A. 很稳定

　　B. 稳定

　　C. 一般

　　D. 不稳定

　　E. 很不稳定

亲子关系

6. 你觉得父母对你关心吗？

　　A. 很关心

　　B. 有时候关心

　　C. 不是很关心

　　D. 不关心

7. 你最希望父母关心你什么？（可多选）

　　A. 学习成绩

　　B. 情绪、感受

　　C. 兴趣爱好

　　D. 我的需要

　　E. 和朋友、老师的相处情况

　　F. 其他

8. 当你犯错时，你的父母一般会怎样做？（可多选）

　　A. 耐心教导

　　B. 随便说我几句

　　C. 打、骂

　　D. 不管我

9. 你对爸爸妈妈所做的工作感觉如何?

    A. 喜欢

    B. 为他们感到骄傲

    C. 不为他们感到骄傲

    D. 讨厌他们现在所做的工作

    E. 无所谓,与自己没关系

10. 你觉你爸爸妈妈之间的关系好不好?

    A. 很好

    B. 良好

    C. 一般

    D. 不是很好

    E. 很差

11. 你的父母都有哪些行为是你不喜欢的?(可多选)

    A. 没有

    B. 说话不算数

    C. 唠叨

    D. 吵架打架

    E. 喝酒、吸烟

    F. 赌钱

    G. 其他

人际交往

12. 你一般会和谁说知心话(心里话)?(可多选)

    A. 父母

    B. 同学、朋友

    C. 老师

    D. 其他人

13. 你是否愿意和班级上的同学一起玩？

    A. 非常愿意

    B. 愿意

    C. 不愿意

    D. 非常不愿意

    E. 无所谓

14. 和同学在一起，你感到如何？

    A. 快乐

    B. 孤独

    C. 自卑

    D. 不合群

    E. 没感觉

15. 你认为你的人际交往存在哪些问题？（可多选）

    A. 没有问题

    B. 缺少知心朋友

    C. 与个别人难以相处

    D. 感到交往困难

    E. 害怕和人交往

    F. 其他

16. 你认为哪些东西会影响你交到朋友？（可多选）

    A. 性格

    B. 外貌

    C. 学习成绩

    D. 兴趣爱好

    E. 品德，道德

    F. 家庭状况

    G. 其他

17. 如果有问题或者困难，你会向哪个老师或同学倾述？为什么？

    _____

学习情况

18. 目前在学习上，你的困扰有哪些？（可多选）

    A. 没有困扰

    B. 学习目标不明确

    C. 学习压力大

    D. 没有学习兴趣

    E. 静不下心来学习

    F. 作业太多

    G. 学习很努力，但成绩总是不太好

    H. 父母对自己的期望很高

    I. 其他

19. 你对学校的学习氛围的评价是怎么样的？

    A. 学习氛围浓

    B. 学习氛围一般

    C. 学习氛围差

20. 在学习上，如果有问题，你会主动问老师吗？

    A. 肯定会

    B. 有时候会

    C. 不会

21. 对上学是否有兴趣？

    A. 兴趣很大

    B. 有一定兴趣

    C. 兴趣很少

    D. 没有兴趣，很厌烦上学

22. 你目前的成绩处在班级的什么水平？

    A. 前列

    B. 中等

    C. 中下

23. 你希望提高的科目是？（可多选）

　　A. 语文

　　B. 数学

　　C. 英语

　　D. 其他

24. 在学校，当你遇到困难和问题时，你是怎样解决的？（可多选）

　　A. 向老师求助

　　B. 和同学倾诉

　　C. 告诉父母

　　D. 自己解决

城市文化生活融入

25. 回家后你在闲暇时间做的最多的事情是什么？（可多选）

　　A. 写作业

　　B. 课外阅读

　　C. 做家务

　　D. 和同学、朋友玩

　　E. 看电视

　　F. 上网、打游戏

　　G. 听音乐

　　H. 其他

26. 你认为你身边的人对你友善吗？

　　A. 友善

　　B. 一般

　　C. 不友善

27. 如果组织一些趣味性的小组游戏（活动），你会参加吗？

　　A. 会

　　B. 不会

28. 你想参加什么类型的活动？（可多选）

　　A. 学习辅导

　　B. 心理辅导

　　C. 兴趣小组活动

　　D. 亲子活动

　　E. 各类知识讲座

　　F. 各类知识竞赛

　　G. 趣味运动会

　　H. 其他

29. 如果学校组织参观柳州市的风景或博物馆，你会参加吗？

　　A. 会

　　B. 不会

30. 如果学校组织开展法律知识讲座，你会参加吗？

　　A. 会

　　B. 不会

31. 你对现在生活状态的满意情况如何？

　　A. 非常满意

　　B. 比较满意

　　C. 没感觉

　　D. 不太满意

　　E. 很不满意

32. 你知道柳州有什么好玩的地方？你去过哪里？

　　_____

访谈提纲

序　　号 _____

姓　　名（学生）_____

民　　族 _____

籍　　贯 _____

年　　级 _____

备　　注（是否独生、农村、城市、兴趣爱好）_____

一到三年级：

1. 小朋友，你是何时来到这个城市的？学校好不好玩？喜欢柳州吗？家乡是哪里的，你觉得家乡那边好玩还是这边比较好玩？

2. 在学校里最喜欢和谁一起玩啊？班上其他同学怎么样，你喜欢跟他们一起玩吗？你觉得老师对你们好不好，喜不喜欢老师呢？为什么呢？

3. 爸爸妈妈经常在家吗？放学是由谁来接？他们有没有带你一起出去玩啊？有的话，去哪里啊？没有的话，你想去哪里啊？

4. 放学后，你一般做些什么（在家玩游戏还是跟同学一起出去玩？）在家里你经常做什么事啊？回家会不会讲一些学校或班级里好玩的事情？爸爸妈妈有没有主动问你？

5. 平时学校有开展什么活动呢？你现在喜欢什么样的活动？

三到五年级：

1. 你喜欢这个学校吗？和班上的同学相处得好吗？在学校有好朋友吗？喜不喜欢老师啊？最喜欢那个老师？

2. 你觉得现在学习紧张吗？压力大吗？爸妈对你的学习成绩有什么要求吗？

3. 你有什么兴趣爱好吗？（比如打球、看书、听音乐、画画、跳舞等）

4. 如果学校组织开展法律知识讲座，你会参加吗？为什么？

5. 如果学校组织参观柳州市的风景或博物馆，你会参加吗？为什么？

6. 如果组织一些趣味性的小组游戏（活动），你会参加吗？如果参加，你希望在游戏中学到什么或得到什么？

7. 你觉得，爸爸妈妈在你的成长过程中起到什么作用？

序　　号　_____

姓　　名（家长）_____

民　　族　_____

籍　　贯　_____

文化程度　_____

备　　注（职业、困难等）_____

父母（家长）：

1. 您是哪个地方的人，老家哪里的？来这里多少年了？能适应这边的生活吗？对柳州有什么看法？

2. 孩子现在读书，您觉得负担重吗？学校对孩子有没有什么优惠政策？在工作和生活上，有什么问题困扰着您，可否具体谈谈？

3. 您平时忙于工作，有时间去督促孩子的学习么？当孩子在学习上遇到问题时，您会怎么做？您会供你的孩子读书读到什么时候，对他（她）有什么期待？

4. 孩子在家主要做什么？性格怎么样？孩子会主动和您聊在学校的事吗？

5. 您觉得，您的孩子在哪方面的表现比较好？（优点）了解孩子在学校的情况吗？有空的时候有没有带孩子出去玩？主要去哪些地方？

6. 您觉得，父母在孩子成长过程中起到什么作用？

教师（领导）：

1. 您在这所学校任职多久了，对学校的发展有什么看法？针对发展中存在的困难，学校是如何解决的？您觉得学校在硬件设施中还有哪些急需改进的？

2. 农民工子女在这个学校的比例大概占多少，这些学生多是哪些地方的人？学校现在对于这类学生有什么优惠政策吗？

3. 学校有开展什么活动来培养学生在德智体美等方面的能力吗？（如奖励、比赛、才艺表演等）

4. 是否设有一些奖励措施来帮助学生缓解家庭压力（激励学生）？学校是否开设有心理健康教育课程来疏导学生的压力？

5. 这些学生与班上的同学关系怎样？有没有什么矛盾和摩擦？他们平时上课的表现怎么样？成绩大概处于一个什么样的阶段？

6. 您觉得，父母在孩子成长过程中起到什么作用？

附录五　青少年权益现状调查问卷

亲爱的同学：

　　您好，首先感谢您参与我们这次的调查，我们是广西科技大学社会科学学院青少年研究中心课题组。本次调查是为了全面了解柳州市青少年权益现状及其存在问题，在柳州市团市委的支持下，对柳州市初高中学开展问卷调查，以更好地把握青少年权益特点和需求，为相关部门制定权益保护对策提供参考意见。以下问题无对错之分，请您按照自己的真实想法回答。您所填的资料对我们的研究非常重要，请您每个问题都要回答。您的个人资料我们将严格保密，请您放心填写。请在您要选的选项上打"√"。

基本信息

1. 您的性别？

    A. 男

    B. 女

2. 您的民族：_____族

3. 您的年级？

    A. 初一

    B. 初二

    C. 初三

    D. 高一

    E. 高二

    F. 高三

4. 您是否为独生子女？

   A. 是

   B. 否

5. 您父亲的文化程度：（　　），您母亲的文化程度：（　　）

   A. 不识字

   B. 小学

   C. 初中或中专

   D. 高中或大专

   E. 大学本科及以上

6. 您父亲的职业类型是：（　　），母亲的职业类型是：（　　）

   A. 农民

   B. 工人

   C. 个体

   D. 教师

   E. 其他

7. 您的家庭结构是？

   A. 核心家庭（由父母与未婚子女所组成的家庭）

   B. 主干家庭（由夫妻和一对已婚子女组合而成的家庭）

   C. 联合家庭（由父母与两对以上的已婚子女，或已婚兄弟姐妹组成）

   D. 单亲家庭

   E. 重组家庭（父母任一方第二次结婚所组成的家庭）

家庭保护

1. 您认为您的家庭成员之间的相处关系如何？

   A. 融洽

   B. 一般

   C. 漠不关心

   D. 关系很差

2. 您父母（或其他监护人）陪您参加课外活动的情况如何？

    A. 每月 5 次以上

    B. 每月 3—4 次

    C. 每月 1—2 次

    D. 从不

3. 当您的父母（或其他监护人）与您的意愿发生分歧的时候，您的父母会听取您的意见吗？

    A. 完全听取

    B. 多数情况会听取

    C. 少数情况听取

    D. 不听取

4. 父母（或其他监护人）会不会经常像朋友一样和您聊天（如生活、学习）？

    A. 经常

    B. 偶尔

    C. 从不

5. 您父母（或其他监护人）每周督促您的学习情况有多少次？

    A. 5 次以上

    B. 3—4 次

    C. 1—2 次

    D. 从不

6. 回家后您空闲时间做的最多的事情是什么？（可多选）

    A. 写作业

    B. 课外阅读

    C. 做家务

    D. 和同学、朋友玩

    E. 看电视

    F. 上网、打游戏

    G. 其他

7. 父母与您相处的时间如何?

    A. 非常多

    B. 较多

    C. 一般

    D. 较少

    E. 非常少

8. 当您犯了错误时,您的父母(或其他监护人)会如何处理?

    A. 和您一起找出原因并纠正

    B. 说教

    C. 辱骂

    D. 暴力解决

    E. 不理会

学校保护

1. 学校有设立心理咨询室吗?

    A. 有

    B. 没有

    C. 不知道

2. 学校有对你们进行过相关的心理健康辅导或社会生活指导吗?

    A. 有

    B. 没有

3. 学校有对你们进行过相应的安全教育或法制教育吗?

    A. 有

    B. 没有

4. 在学校,您遭受过体罚、变相体罚或者其他伤害人格尊严的行为吗?

    A. 有

    B. 没有

5. 您认为学校和老师关心您的学习与生活吗?

    A. 非常关心

    B. 关心

    C. 一般

    D. 不关心

    E. 非常不关心

6、您对学校的教室环境和体育设施满意吗?

    A. 非常满意

    B. 满意

    C. 一般

    D. 不满意

    E. 非常不满意

7. 您觉得学校的作息时间和课程安排合理吗?

    A. 非常合理

    B. 合理

    C. 一般

    D. 不合理

    E. 非常不合理

社会保护

1. 您家目前享有以下哪些社会保障服务?（可多选）

    A. 低保

    B. 医疗保险

    C. 残疾人保险

    D. 没有

    E. 不清楚

2. 您所在的社区有适合青少年娱乐的公共活动设施（如运动器材等）吗?

    A. 有

B. 没有

C. 不清楚

3. 您曾参观过爱国主义教育基地、青少年宫、博物馆、科技馆、展览馆、文化馆吗？

　　A. 参观过

　　B. 没参观过

　　C. 不了解

4. 请问您所在社区有设立青少年服务中心吗？

　　A. 有

　　B. 没有

　　C. 不知道

5. 您是否去过网吧？

　　A. 经常

　　B. 一般

　　C. 很少

　　D. 没有

6. 网吧、酒吧和舞厅等按照国家规定是不允许对未成年人开放的，您对这种社会政策有什么看法？

　　A. 是为了保护未成年人的身心健康

　　B. 无所谓，这种政策对我来说没有什么意义

　　C. 反对，每个人都有自己选择的自由

7. 您的父母（或其他监护人）是否未经允许看过您的隐私（例如日记、短信）？

　　A. 经常

　　B. 偶尔

　　C. 没有

　　D. 不知道

8. 您是否有参加过地震、火灾、消防等演练？

　　A. 有